영적 대 전쟁

영적 대 전쟁

척 스미스 목사 책임 감수

브라이언 브로더슨 지음 / 김동선 옮김

줄과추 도서출판

영적 ^대 전쟁

영적 ^대 전쟁

초판 1쇄 인쇄 / 2000. 6. 10.
초판 1쇄 발행 / 2000. 6. 25.

저　자 / 브라이언 브로더슨
역　자 / 김 동 선
발행인 / 이 원 우
발행처 / 도서출판 줄과추
주　소 / 서울시 마포구 서교동 388-1 대강 B/D 201호
전　화 / (02)3141-9090　　팩　스 / 3144-6620
E-mail / JANDC@hitel.net
공급처 / 비전북
전　화 / (0344)907-3927　　팩　스 / 080-403-1004

등록번호 / 제10-1452호
ⓒ 2000 선한목자세계선교회　　Printed in Korea
값 3,500원
ISBN 89-87613-41-0　03230

SPIRITUAL WARFARE

BRIAN BRODERSEN

서 문

누가(Luke)가 데오빌로(Theophilus)에게 복음의 말씀을 가지고 편지할 때에 그의 소원은 그들 가운데서 확실하게 믿고 있는 일들을 정확하게 진술해 주는 것이라고 언명했다.

누가는 자기가 알리고자 하는 일들을 데오빌로가 확실하게 알기를 간절히 소원하였던 것이다.

오늘날의 우리들은 영적으로 아주 혼란스러운 시대에 살고 있다. 바울(Paul)은 에베소 교인들에게 사람들을 속이려고 호시탐탐 기회만 엿보고 있는 교활한 자와 굳게 서 있지 못하는 사람들에 의해 바람처럼 전파되는 교리에 요동하며 밀려다니는 어린아이와 같이 되어서는 안된다고 썼다.

오늘날 교회가 혼란에 빠지고 많은 세상 풍조의 교리가 그리스도의 몸된 교회로 계속 불어대는 이때에 나는 여러 목사들이 문제가 되는 주제들을 책으로 써서 우리들이 믿는 교리와 왜 믿고 있는지 그 이유를 정확하게 성경에 근거하여 여러분들에게 밝히 알려 주는 것이 좋겠다고 생각했다.

우리들의 목적은 여러분들이 짓고 있는 영적인 집을 영원하신 하나님의 말씀 위에 든든히 기초하여 세우게 하는 것이다.

그렇게 하여야 아무리 거센 폭우가 몰아친다 할지라도 하나님의 말씀 위에 굳건히 서 있게 되기 때문이다.

척 스미스 목사
갈보리 채플
코스타 메사, 캘리포니아

차 례

서문 … 6

제1장 영적 대전쟁 … 13
대적 / 15
싸움 / 19
전쟁은 하나님의 것 / 21
우리들의 전쟁 무기 / 23

제2장 이 세대의 신 … 29
자연계(界)에서 / 30
인간사(史)에서 / 33
거짓 종교에서 / 34

제3장 마귀의 계략들 … 39
정죄의식 / 41
의심 / 44
두려움 / 48
악한 생각들과 상상들 / 52
우울증 / 55

제4장 유혹 … 63
유혹임을 깨달음 / 64
유혹을 피함 / 66
유혹을 극복함 / 67

제5장 하나님의 전신갑주 ··· 75

진리의 허리띠 / 77

의의 흉배 / 77

평안의 신 / 79

믿음의 방패 / 79

구원의 투구 / 80

성령의 검 / 81

전쟁의 실례들 / 82

말씀을 읽으라 / 85

말씀을 묵상하라 / 85

말씀을 연구하라 / 87

말씀을 암송하라 / 88

제6장 전쟁을 위한 무장 ··· 93

무시로 기도하라 / 95

성령으로 기도하라 / 96

경계하며 기도하라 / 97

끈질기게 기도하라 / 98

여러 성도들을 위하여 기도하라 / 100

끝맺으면서 ··· 105
어떻게 그리스도인이 되는가? ··· 107

Spiritual Warfare

제1장
영적 대전쟁

대적

싸움

전쟁은 하나님의 것

우리들의 전쟁 무기

제1장

영적 대전쟁(Spiritual Warfare)

마귀의 궤계를 능히 대적하기 위하여 하나님의 전신갑주를 입으
라 우리의 씨름은 혈과 육에 대한 것이 아니요 정사와 권세와 이
어두움의 세상 주관자들과 하늘에 있는 악의 영들에게 대함이라

에베소서 6 : 11-12

 그리스도인의 삶이란 예수만 믿으면 그때부터 행복하게
살아가게 되는 그렇게 단순한 것만은 아니다. 만약 그렇
게만 된다면 얼마나 좋겠는가?

그러나 진정으로 예수님을 따라 살려고 애를 썼던 사람들마다 그
렇지 않았다는 것을 발견했을 것이다.

예수님께서는 자기를 따르는 사람들에게 이 세상에서의 저들의 삶은 고난과 적대로 이미 예정되어진 삶이라고 말씀하셨다.

이 적대란 사단과 사악한 영들이 하나의 무리가 되어 하나님의 나라를 대적하면서 우리들에게 다가오는 것을 말한다.

그리스도인들이라면 모두 이와 같은 적대를 다 경험해 보았을 줄 믿는다. 어떤 이들은 다른 사람들보다 더욱 심하게 그들에게 당하였는지도 모른다.

그러나 많은 사람들이 그 적대의 근원이 영적인 데 기인함을 알아차리지는 못하고 있는 것 같다.

사단이 가장 효과적으로 쓰고 있는 전략 중의 하나는 우리로 하여금 이러한 영적 전쟁이 존재하고 있는 것을 눈치채지 못하게 하는 것이다. 그들은 자신들을 너무나 잘 가장하기 때문에 현재 벌어지고 있는 사건의 실체를 우리로 하여금 전혀 알아보지 못하게 만든다는 사실이다.

루이스(C. S. Lewis)는 「스쿠르테이프의 편지」(The Screwtape Letters)라는 책의 서문에서 "사단은 자기들의 존재를 인정하지 않는 물질주의자들을 대환영하고 있다"라고 말하고 있다.

우리들은 물질주의자가 아닌 신자이기 때문에 그런 말과는 상관이 없다고 생각할 지 모르나 우리 역시 주위를 둘러싸고 있는 영적 세계의 실존을 때때로 쉽게 망각하기 때문에 루이스(C. S. Lewis)의 말은 신자인 우리들에게도 적용될 수 있다.

이 책의 목적은 그리스도인들에게 영적 전쟁의 실체를 소개함으로써 전쟁을 승리로 이끌 수 있도록 도와주기 위함이다.

대적(The Opposition)

먼저 영적 싸움의 배후에서 영향력을 주는 자들이 누구인지 알아보도록 하자.

그것은 다름아니라 마귀와 그의 졸개들이다. 마귀는 누구일까? 마귀는 과연 실존하는 인물일까? 아니면 단순히 신화로 만들어 낸 가상의 인물일까?

성경은 마귀가 실존하는 인격이며 영적 존재라고 가르친다. 그들은 원래 하나님께서 가장 아름답게 만드신 창조물이었는데 하나님을 반역함으로써 하나님과 바로 맞서서 대적하는 원수가 되어 버렸다(이사야 14장).

사단에 대한 성경말씀을 자세히 살펴보면 그는 굉장한 능력을 소유하고 있을 뿐더러 뛰어난 지성까지 갖추고 있어 도무지 측량힐 수 없는 존재로 나타나 있다. 또한 하나님과 그분의 자녀들을 대적하여 끊임없이 싸움을 걸어오는 존재로 나와 있다. 바울도 이 영적 존재들을 "정사와 권세와 이 어두움의 세상 주관자들과 하늘에 있는 악의 영들"이라고 일컬었다.

이러한 모든 말들은 그만큼 사단의 세력들이 잘 짜여진 조직을 가진 대적임을 나타내는 것이다.

비슷한 예로 로마 제국을 한 번 생각해 보자. 가이사(카이사르 : Caesar)가 로마의 황제로 있을 때 그는 원로원들로 구성된 의회를 중심으로 정책을 세워 나갔다. 원로원들과 의회에서 결정한 정책들을 총독들과 각 군주들에게 하달하게 되면 그들은 전달받은 사항들을 그대로 이행하는 것이다.

이와 같이 사단의 왕국에서도 정책을 결정하는 높은 지위의 간부들이 있고 결정된 정책을 행동으로 직접 실행하는 낮은 등급의 무리들이 있다.

우리는 다니엘서 10장에 있는 다니엘의 예언을 통하여 사단의 왕국을 보다 깊이 통찰할 수 있다.

> 바사왕 고레스 삼년에 한 일이 벨드사살이라 이름한 다니엘에게 나타났는데 그 일이 참되니 곧 큰 전쟁에 관한 것이라 다니엘이 그 일을 분명히 알았고 그 이상을 깨달으니라

그때에 나 다니엘이 세 이레 동안을 슬퍼하며 세 이레가 차기까지 좋은 떡을 먹지 아니하며 고기와 포도주를 입에 넣지 아니하며 또 기름을 바르지 아니하니라

정월 이십사일에 내가 힛데겔이라 하는 큰 강가에 있었는데 그때에 내가 눈을 들어 바라본즉 한 사람이 세마포 옷을 입었고 허리에는 우바스 정금 띠를 띠었고 그 몸은 황옥 같고 그 얼굴은 번갯빛 같고 그 눈은 횃불 같고 그 팔과 발은 빛난 놋과 같고 그 말소리는 무리의 소리와 같더라 이 이상은 나 다니엘이 홀로 보았고 나와 함께한 사람들은 이 이상은 보지 못하였어도 그들이 크게 떨며 도망하여 숨었었느니라

그러므로 나만 홀로 있어서 이 큰 이상을 볼 때에 내 몸에 힘이 빠졌고 나의 아름다운 빛이 변하여 썩은 듯 하였고 나의 힘이 다 없어졌으나 내가 그 말소리를 들었는데 그 말소리를 들을 때에 내가 얼굴을 땅에 대고 깊이 잠들었었느니라

한 손이 있어 나를 어루만지기로 내가 떨더니 그가 내 무릎과 손바닥이 땅에 닿게 일으키고 내게 이르되 은총을 크게 받은 사람 다니엘아 내가 네게 이르는 말을 깨닫고 일어서라 내가 네게 보내심을 받았느니라

그가 내게 이 말을 한 후에 내가 떨며 일어서매 그가 내게 이르되 다니엘아 두려워하지 말라 네가 깨달으려 하여 네 하나님 앞에 스스로 겸비케 하기로 결심하던 첫날부터 네 말이 들으신 바 되었으므로 내가 네 말로 인하여 왔느니라

그런데 바사국 군이 이십일 일 동안 나를 막았으므로 내가 거기 바사국 왕들과 함께 머물러 있더니 군장 중 하나 미가엘이 와서 나를 도와주므로 이제 내가 말일에 네 백성의 당할 일을 네게 깨닫게 하러 왔노라

대저 이 이상은 오래 후의 일이니라

다니엘 10 : 1-14

천사가 말한 것을 유의해 보라.

"그런데 바사국 군이 이십일 일 동안 나를 막았으므로"라고 하였다.
그 당시 고레스는 바사국의 왕이었다. 그러나 메시지를 들고 오는
천사를 막은 것이 현재의 고레스 왕이 아닌 것은 확실하였다. 그것은
바사 제국의 배후에 있는 강력한 영적 세력을 두고 말한 것이었다.

이와 비슷한 내용이 이사야 14장과 에스겔 28장에도 나타나있는
데 여기에는 선지자들이 바벨론과 두로의 왕들에 대하여 예언하면서
이 땅 임금들의 배후에 있는 영적 세력에 대한 이야기를 하고 있다.
그러므로 우리들 역시 우리가 살고 있는 이 세상을 나타나있는
모습(물질계)으로만 보아서는 안되고 "하늘에 있는 악의 영들"
(Wicked spirits in high places)의 지배를 받고 있는 영적 차원으
로도 볼 수 있어야 한다.
이러한 진리는 성경을 통해서만이 깨달을 수 있게 된다.

이렇게 눈에 보이지 않는 왕국에 대하여 신약성서에서 한군데 더
예를 들어 보겠다.
예수님께서 시험받으신 때를 기억하는가?

사단은 예수님께 세상의 모든 나라들과 영광을 보여 주면서 말하기를 "이 모든 권세와 그 영광을 내가 네게 주리라 이것은 내게 넘겨준 것이므로 나의 원하는 자에게 주노라"(눅 4 : 6)고 했다.

예수님께서는 사단이 자기 것이라고 주장하는 세상 나라들의 주권을 자기가 원하는 자는 누구에게든지 줄 수 있다는 그의 능력에 대하여 사단과 다투지 않으셨다. 실제로 예수님께서는 나중에 "이 세상의 임금"(요 14 : 30)이라고 불리는 사단의 이러한 주장을 인정하셨다. 이 모두가 성경에서 실제로 있었던 사건으로 우리들도 알고 있을 필요가 있다.

많은 신자들은 세상 사람들이 생각하는 사고방식에 물들어 있어서 모든 일들을 단순히 인간사와 자연 현상으로 연관지어 버린다.

그러나 바울은 "우리의 씨름은 혈과 육에 대한 것이 아니요"라고 말한다. 이 싸움이 궁극적으로 영적 세력끼리의 싸움이란 사실을 깨닫지 못한다면 우리는 초반부터 패하게 되고 말 것이다.

싸움(The Conflict)

우리들이 유의해야 할 다음 문제는 "씨름"이라고 표현하고 있는 영적 싸움인데 이제 살펴보도록 하자.

이 영적 싸움에는 두 가지 견해가 있다. 첫 번째로 일반적 견해의 싸움은 하나님의 세력과 사단의 세력이 집단적으로 대응하여 싸우는 것을 말한다.

두 번째는 마치 당신과 내가 일 대 일로 싸우듯이 손과 손을 맞붙잡고 마귀의 영들과 싸우는 것인데 레슬링 시합을 할 때처럼 서로가 맞붙어서 싸우는 그야말로 몸싸움이다.

여러분이 그리스도인이기 때문에 여러분은 마귀에게 연구 대상이 되어 몰래 추적을 당하기도 하고 정기적으로 기습을 당하기도 한다. 이것을 깨닫지 못하면 여러분은 이 싸움에서 참패를 당하는 것이다.

여러분은 곧 이렇게 말할 것이다. "잠깐, 이 문제를 당신은 너무 지나치게 생각하는 것 아니오? 내가 마귀들에게 연구 대상이 되고, 추적을 당하고, 기습을 당하다니 도대체 무슨 말을 그렇게 하고 있소? 당신 너무 광신적이지 않소?"

이제부터 내가 광신적이 아니라 오히려 더욱 영적임을 성경적으로 확실하게 입증해 보이고자 한다. 나는 단지 성경이 일반적으로 가르치고 있는 것을 말하고 있을 뿐이다. 특별히 욥(Job)에 대하여 기록된 것을 자세하게 이야기해 보고자 한다.

하루는 하나님의 아들들이 와서 여호와 앞에 섰고 사단도 그들 가운데

왔는지라

여호와께서 사단에게 이르시되 네가 어디서 왔느냐

사단이 여호와께 대답하여 가로되 땅에 두루 돌아 여기 저기 다녀왔나
이다

여호와께서 사단에게 이르시되 네가 내 종 욥을 유의하여 보았느냐 그
와 같이 순전하고 정직하여 하나님을 경외하며 악에서 떠난 자가 세상
에 없느니라

사단이 여호와께 대답하여 가로되 욥이 어찌 까닭 없이 하나님을 경외
하리이까 주께서 그와 그 집과 그 모든 소유물을 산울로 두르심이 아
니니이까...

욥기 1 : 6-10

여러분도 알다시피 사단은 이미 욥에 대하여 다 알아낸 후에 그에
게 기습적인 공격을 그것도 매우 빠른 속도로 해오고 있는 것이다.

사단의 전술은 수세기를 내려오는 동안에도 변하지 않았다. 오늘
날에도 우리는 욥(Job)이 경험했던 같은 종류의 공격을 당하고 있
는 것이다.

바라건데 내가 어떤 사람에게라도 과대망상을 갖게 하고자 함이
아님을 알아주기 원한다.

나는 여러분이 세상을 볼 때, 또는 각 개인들에게 일어나는 일들을
볼 때, 성경적인 렌즈를 통하여 보고 이해하기를 바라는 것이다.

오늘을 살고 있는 성도들이 그 어느 때보다도 성경적인 시야로

세계를 보는 눈이 필요한 것은 영적 세계를 알게 되고, 믿고, 통찰할 수 있는 방법이 성경 속에 다 들어있기 때문이다.

전쟁은 하나님의 것(The Battle Is The Lord's)

이제 우리는 영적 전쟁의 실체를 확증했으므로 눈에 보이지 않는 이 전쟁에서 어떻게 해야 이길 수 있는지 알아보아야 한다.

여기에서 기억해야 할 첫 번째 요소는 "전쟁은 하나님께 속한 것"이라는 사실이다. 그러므로 우리가 갖추어야 할 가장 근본적인 문제는 "… 주 안에서와 그 힘의 능력으로 강건하여지고"(엡 6 : 10)이다.

우리에게는 흑암의 세력과 겨루어 이길 만한 능력이 없다. 그러므로 내가 승리하려면 나의 능력이 강하게 되도록 주님으로부터 그 능력을 공급받아야 한다. 다윗과 여호사밧 같은 인물들이 승리했던 비결이 여기에 있다.

다윗이 골리앗을 대면했을 때에 그는 자신이 하나님의 능력 앞에 서 있다는 것을 분명히 하였다.

> 다윗이 블레셋 사람에게 이르되 너는 칼과 창과 단창으로 내게 오거니
> 와 나는 만군의 여호와의 이름 곧 네가 모욕하는 이스라엘 군대의 하나

님의 이름으로 네게 가노라

오늘 여호와께서 너를 내 손에 붙이시리니 내가 너를 쳐서 네 머리를
베고…온 땅으로 이스라엘에 하나님이 계신 줄 알게 하겠고 또 여호와
의 구원하심이 칼과 창에 있지 아니함을 이 무리로 알게 하리라

전쟁은 여호와께 속한 것인즉 그가 너희를 우리 손에 붙이시리라

사무엘상 17 : 45-47

다윗과 마찬가지로 여호사밧도 원수의 손에서 구원해 달라고 하
나님께 부르짖었을 때 선지자 야하시엘은 "… 여호와께서 너희에게
말씀하시기를 이 큰 무리로 인하여 두려워하거나 놀라지 말라 이 전쟁
이 너희에게 속한 것이 아니요 하나님께 속한 것이니라"(대하 20 : 15)
고 그에게 말해 주었다.

이 말씀을 반드시 기억해야 함은 우리들이 두려움과 절망 속에
처해 있을 때 우리들이 위기를 극복해 낼 수 있는 결정적인 요소가
되는 말씀이기 때문이다.

우리들의 전쟁 무기(The Weapons of Our Warfare)

기억해야 할 또 다른 중요한 요점이 있다.

"우리의 싸우는 병기는 육체에 속한 것이 아니요 오직 하나님 앞에

서… 강력이라"(고후 10 : 4).

　육체적(carnal)이라는 말은 영적(spiritual)이라는 말과 정반대의 뜻이며 그야말로 오직 인간적일 뿐이란 뜻을 내포하고 있다.

　우리의 힘이 하나님의 능력이 아닌 그 어떤 힘과 연합을 한다해도 흑암의 세력을 대항하는 데는 아무 효력이 없다. 우리들의 전쟁이 영적이므로 무기 또한 영적인 것이라야 하기 때문인데 그것은 바로 하나님이 우리들에게 공급해 주시는 강력한 무기라야 한다.

　"… 오직 하나님 앞에서 견고한 진을 파하는 강력이라 모든 이론을 파하며 하나님 아는 것을 대적하여 높아진 것을 다 파하고…"(고후 10 : 4-5).

　"강력"이라는 단어는 "활발한 원동력"으로도 번역될 수 있다. 하나님께서는 우리가 승리하는데 필요로 하는 것보다 더 충만히 공급해 주셨다. 우리는 하나님께서 공급해 주신 것을 사용하기만 하면 되는 것이다.

　그렇다면 하나님께서 우리에게 주신 "무기들"은 무엇일까?

　그것은 단순한 기도(Simply Prayer)와 하나님의 말씀(The Word of God)이며 예배(Worship)다. 우리들이 "믿음의 선한 싸움"을 성공적으로 싸워 이기려면 이 무기들을 완전무결하게 사용할 수 있어야만 한다.

　본서의 뒷부분으로 가서 이러한 "하나님의 강력한 무기들"

(Weapons that are mighty in God)에 관하여 좀 더 깊이 살펴
보고자 한다. 그러나 지금은 우리의 적에 대하여 계속적으로 알아
보도록 하자.

제2장
이 세대의 신

The God of This Age

자연계(界)에서

인간사(史)에서

거짓 종교에서

제 2 장

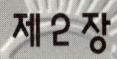

이 세대의 신(神 : The God of This Age)

하루는 하나님의 아들들이 와서 여호와 앞에 섰고 사단도 그들
가운데 왔는지라 여호와께서 사단에게 이르시되 네가 어디서 왔
느냐 사단이 여호와께 대답하여 가로되 땅에 두루 돌아 여기 저
기 다녀왔나이다

욥기 1 : 6-7

이 구절은 욥기서에 있는 말씀인데 이 말씀 속에서 우리
의 원수 사단은 이 지구상을 아주 잘 활보하며 다니고 있
음을 알 수 있다. 그런데 사단은 도대체 무엇을 하면서 돌
아다니고 있단 말인가? 실제로 사단은 우리가 생각하는 것보다도 훨
씬 더 많은 일들을 행하면서 돌아다니고 있다. 다음으로는 이 세상
에서 마귀가 활동하는 분야를 몇 가지로 나누어서 살펴보도록 하자.

자연계(界)에서 (The Natural Realm)

우리가 살펴보고자 하는 마귀의 활동 분야의 첫 번째는 자연계 속에서이다.

성경에는 마귀도 자연에 대해서는 어느 정도의 권세를 가지고 있다고 가르친다. 우리가 쉽사리 말하기를 "자연의 재해"라든지 또는 "하나님이 벌하심"이라고 하는 일들은 사실 사단의 역사로 인하여 그렇게 된 일들이 많다고 나는 믿고 있다.

물론 그렇다고 모든 재해가 다 사단의 역사라고 말할 수는 없으나, 자연 재해로 인해 죽음과 파괴가 뒤따르게 되면 대부분의 사람들은 그 탓을 하나님께로 돌리곤 하는데 그러한 사건의 대부분이 사단의 조종하에서 되어진 일들로 생각하는 것이 타당하다고 본다.

사단은 세상에서 하나님의 일을 파괴하고, 억제하고, 좌절시키기 위하여 "자연의 재해"를 이용하는 것이다. 이렇게 생각하는 데에는 성경적인 근거가 있다. 다시 한 번 욥기서를 살펴보도록 하자.

> 여호와께서 사단에게 이르시되 네가 내 종 욥을 유의하여 보았느냐 그와 같이 순전하고 정직하여 하나님을 경외하며 악에서 떠난 자가 세상에 없느니라
> 사단이 여호와께 대답하여 가로되 욥이 어찌 까닭없이 하나님을 경외하리이까 주께서 그와 그 집과 그 모든 소유물을 산울로 두르심이 아니니이까 주께서 그 손으로 하는 바를 복되게 하사 그 소유물로 땅에 널

리게 하셨음이니이다 이제 주의 손을 펴서 그의 모든 소유물을 치소서 그리하시면 정녕 대면하여 주를 욕하리이다

여호와께서 사단에게 이르시되 내가 그의 소유물을 다 네 손에 붙이노라 오직 그의 몸에는 네 손을 대지 말지니라

사단이 곧 여호와 앞에서 물러가니라

하루는 욥의 자녀들이 그 맏형의 집에서 식물을 먹으며 포도주를 마실 때에 사자가 욥에게 와서 고하되 소는 밭을 갈고 나귀는 그 곁에서 풀을 먹는데 스바 사람이 갑자기 이르러 그것들을 빼앗고 칼로 종을 죽였나이다 나만 홀로 피한고로 주인께 고하러 왔나이다

그가 아직 말할 때에 또 한 사람이 와서 고하되 하나님의 불이 하늘에서 내려와서 양과 종을 살라 버렸나이다 나만 홀로 피한고로 주인께 고하러 왔나이다

그가 아직 말할 때에 또 한 사람이 와서 고하되 갈대아 사람이 세 떼를 지어 갑자기 약대에게 달려들어 그것을 빼앗으며 칼로 종을 죽였나이다 나만 홀로 피한고로 주인께 고하러 왔나이다

그가 아직 말할 때에 또 한 사람이 와서 고하되 주인의 자녀들이 그 맏형의 집에서 식물을 먹으며 포도주를 마시더니 거친 들에서 대풍이 와서 집 네 모퉁이를 치매 그 소년들 위에 무너지므로 그들이 죽었나이다 나만 홀로 피한고로 주인께 고하러 왔나이다 한지라

욥기 1 : 8-19

여기에 내가 지금 이야기 하고자 하는 대표적인 예가 나와 있다. 하늘에서 불이 떨어져서 양과 종을 살라 버리고 또 대풍이 와서 집

네 모퉁이를 치매 욥의 자녀들이 모두 죽게 된 것은 마귀의 직접적인 역사로 그렇게 된 것이다. 그러나 그 소식을 전하는 종은 그 불을 "하나님의 불"이라고 말하고 있다.

사단은 이렇게 생명을 파괴해 놓고는 그 탓을 하나님께 돌리려고 애를 쓴다. 이러한 사실은 오늘날에도 여전한 진리이다.

최근에 일어났던 지진이나 화재, 홍수, 태풍으로 인하여 미국의 일부 지역이 큰 타격을 받았을 때 많은 사람들의 반응을 보았는가? TV에서나 신문에 보도된 희생자들의 인터뷰 내용을 보면 대부분이 하나님을 부정적으로 말하고 하나님께서 꼭 비난을 받아야 할 분으로 원망하고 있음을 볼 수 있다.

그러나 그것은 사실 부분적인 마귀의 역사이다. "마귀"라는 이름의 뜻은 중상자 또는 고소자로서 이들은 자연계를 뒤흔들어 죽음과 파멸을 가져온 후, 그 모든 뒤처리를 하나님께서 책임져야 할 것으로 몽땅 뒤집어씌우는 것이다.

그런데 슬픈 사실은 대부분의 사람들이 그것을 또한 그렇다고 믿는다는 것이다.

어떤 사람은 또 이렇게 질문할지 모른다. "그렇다면 당신은 지진, 홍수, 허리케인 등은 모두가 다 사단의 역사라는 것입니까?"

나의 대답은 항상 그렇지는 않지만 우리가 생각하는 것 이상으로 더 많이 그럴 수도 있다는 것이다. 사단의 목적(말하자면, 죽이고 멸망시키는 것)을 좀 더 깊이 생각해 보면 "자연의 재해"는 사단이 맘

껏 활동할 수 있는 무대를 제공해 주는 곳이다.

인간사(史)에서 (Human Affairs)

사단은 자연계에서만 머물지 않는다. 그는 인간사에서도 활동하는데 역시 바쁘게 움직이면서 돌아다니고 있다. 국제적인 정치사회에서, 매스컴에서, 학회에서, 연예계에서, 산업사회에서, 패션계에서, 또는 일시적이나마 세계적인 유행을 일으키는 것을 보면 그의 영향력을 느낄 수가 있다.

바울은 사단을 두고 "… 공중의 권세 잡은 자를 따랐으니 곧 지금 불순종의 아들들 가운데서 역사하는 영이라(엡 2 : 2)"고 말하였다.

다윈(Darwin)의 진화론에서부터 시작하여 마르크스(Marx)의 철학 사상에 이르기까지, 또한 인종차별에서 문화다원주의로, 갱단의 폭력에서부터 세계 전쟁으로, 성(性)의 혁명에서 에이즈(후천성 면역 결핍증 : AIDS)로 번지게 하며, 가정의 파괴부터 폭력, 알코올 중독에서 마약 중독에 이르기까지 그 어느 것도 사단의 역사가 아닌 것이 없다. 미움과 폭력, 죽음과 파멸, 고통과 참혹함 등 인간 역사의 시작부터 오늘에 이르기까지 그 모두가 다 마귀의 역사에 크게 기인하고 있는 것이다. 사도 요한의 "또 이는 것은 우리는 하나님께 속하고 온 세상은 악한 자 안에 처한 것이며"(요일 5 : 19)란 말은 사실이다.

거짓 종교에서(False Religion)

사단이 활발하게 나타나는 또 다른 활동 분야는 거짓 종교이다. 이것이야말로 사단의 걸작품이며 최고의 영향력을 행사할 수 있는 그의 도구가 된다. 그것은 사람의 영혼을 직접 겨냥한 것이므로 사단에게는 최고의 무기가 되는 셈이다.

마귀의 궁극적인 목적은 사람의 영혼이 그리스도안에 있는 구원을 얻지 못하도록 하는 것이므로 그는 능력껏 온갖 수단을 다 동원한다. 바라는 목적을 달성하기 위해서 사단은 심지어 신앙적인 헌신까지도 부추겨서 이용할 것이다.

그러면 "'거짓 종교"들에는 어떤 것들이 있는가? 무수한 잡신들의 힌두교에서부터 알 수 없는 신인 알라를 섬기는 이슬람교 등이 그 예이며 사이비 기독교의 무리들이 있는가 하면 여호와의 증인, 몰몬교, 크리스천 사이언스(Christian Science)등 이러한 것들 모두가 다 마귀가 이 세상에서 활동하는 발판들이다.

바울은 "… 사단도 자기를 광명의 천사로 가장하나니"(고후 11 : 14)라고 하였다. 이러한 거짓 종교들을 통하여 사단은 많은 사람들의 눈을 진리에서 멀어지게 한다. 이에 대해 바울은 다음과 같이 말했다. 만일 우리 복음이 가리웠으면 망하는 자들에게 가리운 것이라 그 중에 이 세상 신이 믿지 아니하는 자들의 마음을 혼미케 하여 그리스도의 영

광의 복음의 광채가 비취지 못하게 함이니 그리스도는 하나님의 형상
이니라(고후 4 : 3-4).

　이 세상에서 역사하는 사단의 활동을 더 많이 알면 알수록 그것
은 우리로 하여금 기도라는 강력한 무기를 더 많이 사용하게 하고,
복음 선포에 박차를 가하게 한다. 또한 큰 재난을 하나님께서 일하
실 수 있는 기회로 바꿀 수 있는 것도 기도이며 이것을 통해 사람
들의 문제에 하나님께서 개입하셔서 성령을 부어주시는 것이다. 그
러므로 사람이 근본적으로 변화될 수 있는 것도 기도와 복음 선포
를 통해서 이루어질 수 있다. 종교개혁(The Reformation)과 영적
대각성(The Great Awakenings)은 하나님께서 모든 악조건들을
역으로 사용하셔서 그분의 일을 이루신 좋은 본보기들이다.
　거짓 종교로 눈이 멀어 버린 사람들을 그리스도로 인하여 구원을
얻게 하는 것도 복음 선포를 통해서이다. 군대에서도 훌륭한 전술
가들은 적군의 동향을 목표로 삼듯이, 마귀의 활동을 더욱 파악할
수록 우리는 사단의 활동을 더 효과적으로 이겨낼 수 있을 뿐만 아
니라 다른 사람도 승리하게끔 도와줄 수 있다. 계속해서 마귀가 어
떤 "계략"들을 가지고 활동하는지 연구해 보도록 하자.

제3장
마귀의 계략들

The Wiles of the Devil

정죄의식

의심

두려움

악한 생각들과 상상들

우울증

제 3 장

마귀의 계략들 (The Wiles of the Devil)

마귀의 궤계를 능히 대적하기 위하여 하나님의 전신갑주를 입으
라… 모든 것 위에 믿음의 방패를 가지고 이로써 능히 악한 자의
모든 화전을 소멸하고

에베소서 6 : 11,16

 "마귀의 궤계"와 "악한 자의 모든 화전", 이 둘은 언급하
는 범위가 아주 넓은 것 같지만 그것들이 우리의 마음과
감정을 집중적으로 겨냥하는 사단의 공격이라는 것은 의
심할 여지가 없다.

이러한 공격을 받게 되면 우리는 정죄의식, 의심, 두려움, 악한
생각들 그리고 심지어는 그런 것들로 인한 우울증에까지 빠지는 것

을 경험하게 된다.

나는 사단이 어떻게 우리의 마음과 감정에 접근할 수 있을까 하는 그들의 방법을 구태여 알아내려고 하지 않는다. 다만 성경 말씀과 교회의 장구한 역사를 통하여 하나님의 종들이 사단은 그렇게 할 수 있다는 것을 증언했던 것들을 명백하게 보여 주고자 한다.

그 증거의 한 부분이 역대상 21 : 1의 "사단이 일어나 이스라엘을 대적하고 다윗을 격동하여 이스라엘을 계수하게 하니라"고 기록된 말씀이다.

다윗이 갑자기 이스라엘 백성의 숫자를 헤아리고 싶은 마음이 생겼을 때 그는 자신이 사단의 영향을 받고 있다는 것을 감지했으리라고는 생각되지 않는다. 실제로 그는 깨닫지 못했던 것이다.

마태복음 16 : 13-23에 기록된 말씀 중에 사도 베드로에게도 이와 비슷한 일이 있었음을 볼 수 있다. 예수님께서는 제자들에게 "사람들이 인자를 누구라 하느냐"고 물으셨고 그때 시몬 베드로가 "주는 그리스도시요 살아 계신 하나님의 아들이시니이다"라고 대답했다.

예수님께서 계속하여 자신이 예루살렘에서 지도자들에게 많은 고난을 당하고 죽임당할 것을 말씀하실 때에 베드로는 좋은 의미였으나 잘못 감동을 받아 "주여 그리 마옵소서 이 일이 결코 주에게 미치지 아니하리이다"라고 말했다.

이때 베드로에 대한 예수님의 반응은 "사단아 내 뒤로 물러가라 너는 나를 넘어지게 하는 자로다 네가 하나님의 일을 **생각지 아니하고** 도리어 사람의 일을 생각하는도다"라고 꾸짖으셨다.

베드로는 정신적으로 사단의 영향을 받고 있었으며 그는 사단의 영감을 받은 생각에 사로잡혀 있었다. 베드로의 반응과 그에 따른 예수님의 꾸짖음은 그보다 앞서 말했던 베드로의 신앙고백이 신령한 영적인 역사였음을 더욱 뚜렷하게 보여 주고 있다.

마음과 감정들을 공격하는 사단의 계략 중 가장 비극적인 예는 요한복음 13 : 2의 "마귀가 벌써 시몬의 아들 가룟 유다의 **마음에** 예수를 팔려는 **생각을 넣었더니**"라고 하는 사실이다.

우리는 이 모든 경우들을 보면서 우리의 생각과 느끼는 것에 영향을 주는 원수 사단의 능력이 어떠하다는 것을 알 수 있다.

이제 그러한 것들이 사실임이 확증되었으므로 "마귀의 계략들"을 더 자세히 알아내어 그것들의 올가미를 능히 피하고 걸려 넘어지지 않기를 원한다.

정죄의식(Condemnation)

사단이 공공연히 잘 쓰는 전술은 여러분으로 하여금 이제는 하나님의 사랑에서 끊어졌다고 생각하게 만들고는 더 이상 용서받지 못할 자로 느끼도록 만드는 것이다.

이런 경우에는 여러분 쪽에서 어떤 잘못을 저질렀을 때 종종 일어난다. 여러분이 해서는 안될 일을 했다든지 아니면 했어야만 하는 일로 알고 있었는데 여러분이 하지 못했을 경우이다. 그때 정죄의식이 엄습하게 된다. 그러나 양심의 가책과 정죄의식을 구별하는 것은 대단히 중요하다.

양심의 가책은 성령님의 본격적인 역사로 죄에 대한 가책을 느끼게 함으로써 십자가로 인도하여 용서를 받게 한다.

그러나 반대로 정죄의식은 죄에 대한 가책을 느끼면서 전혀 소망이 없는 자로 낙담케하여 희생자가 되게 한다.

마귀는 사람들의 마음속에 너는 이제 하나님과는 끝났다는 낙담을 주기 시작하며 "네가 행한 이번 일은 너무 지나쳤어", "너에게는 용서가 적용이 안돼"라고 자꾸만 부정적인 낙담을 넣어 주고 "하나님께서는 나를 버리셨으며 더 이상 나를 사랑하시지 않을 것"이라는 감정이 압도하도록 만든다.

이 모든 것들이 "악한 자의 화전"의 전형적인 특징이다.

원수가 쏘아대는 불붙은 화살을 막는 방법은 오직 믿음의 방패, 즉 하나님의 말씀 안에 있는 믿음으로만이 막을 수 있다.

정죄의 능력이 사단 속에 있는데 그것은 우리로 하여금 하나님께서는 우리를 정죄하여 벌주시는 분으로만 생각하게끔 만드는 것이다.

만약 하나님께서 우리를 대적하신다면 우리를 위해 구원해 줄 자, 그 누가 있겠는가? 이 사실이야말로 진리와 정반대가 아니겠는가?

로마서 8 : 1에서 사도 바울은 "그러므로 이제 그리스도 예수 안에 있는 자에게는 결코 정죄함이 없나니" 또한 31절에서 "… 만일 하나님이 우리를 위하시면 누가 우리를 대적하리요", 33-34절에서는 "누가 능히 하나님의 택하신 자들을 송사하리요 의롭다 하신 이는 하나님이시니 누가 정죄하리요 죽으실 뿐 아니라 다시 살아나신 이는 그리스도 예수시니 그는 하나님 우편에 계신 자요 우리를 위하여 간구하시는 자시니라"고 말하고 있다.

나를 비난하는 생각과 정죄의식을 주는 마음은 "형제를 고발하는 자"가 집어 넣어주는 생각이며 사단이 주는 이러한 정죄의식은 오직 어린양의 피를 믿는 믿음으로만 극복될 수 있다.

여러분이 혹시 죄를 범했더라도 사단이 넣어 주는 정죄의식을 순순히 받아들여 하나님께로부터 멀어져서는 안되며 당신의 죄를 고백하면서 다음의 말씀을 꼭 기억하기 바란다.

"만일 우리가 우리 죄를 자백하면 저는 미쁘시고 의로우사 우리 죄를 사하시며 모든 불의에서 우리를 깨끗케 하실 것이요"(요일 1 : 9).

의심(Doubt)

마귀의 또 다른 화살은 우리 마음속에 의심을 심는 것이다.

사단은 우리로 하여금 과연 하나님께서 계신지 안 계신지 그 존재여부부터 시작하여 우리의 구원 문제에 이르기까지 모든 것을 의심하도록 만든다. 특별히 하나님의 말씀을 더욱더 의심케 한다.

본문의 제목과 함께 반드시 기억해야 할 중요한 것은 의심의 유혹과 불신의 죄 사이에는 차이가 있다는 것이다.

의심이란 불신처럼 믿지 않는 죄가 아니라 미혹되는 행위이다.

영국의 위대한 설교자 찰스 스펄전(Charles Spurgeon)도 이런 류의 독특한 유혹에 자주 시달리곤 했었다.

그는 "나에게는 끊임없이 밀려오는 불신의 유혹이 있었다. 나는 하나님의 약속이 진실하시다는 것을 믿는다. 그러나 나를 끊임없이 공격하는 유혹은 '그의 존재가 의심스럽지 않은가 다시 한 번 생각해 보라 어떻게 다 믿을 수 있단 말인가 믿을 수가 없다' 는 것이었다."

물론 스펄전은 그럴 때마다 엄습해 오는 유혹을 물리쳤지만 항상 이 분야에서 갈등해 왔었다고 서술하고 있다.

여러분이 의심의 유혹에 눌려 있을지라도 그것은 죄가 아니라는 것을 상기시키고 싶다. 의심이 죄가 되는 것은 단지 의심나는 것을 그대로 행동으로 옮기면서 의심이 나를 지배하도록 허용할 때이다.

사단은 하와에게 하나님의 말씀에 의심을 품도록 미혹했다. 그러나 하와가 사단의 꾀임에 빠져 복종하기 전까지는 죄를 지은 것이 아니다. 여러분이 의심을 품었다는 것만으로 죄를 지었다고는 볼 수 없다. 여러분은 사단이 주는 생각에 동의할 것을 거절할 수도 있기 때문이다.

내가 청년 시절에 성경의 말씀들을 의심하는 학자들과 신학자들이 있다고 들었다. 그러한 말을 들을 때에 사단은 내 마음속에도 하나님의 말씀에 대한 의심을 심으려는 것 같았고 실제 의심의 마음을 품도록 만들었다.

"이러한 신학자들은 오랜 세월 동안 하나님의 말씀을 연구해 온 분들이야. 그들은 히브리어도 헬라어에도 통달한 사람들이다. 그런데 나는 아무 것도 모르고 있지 않은가! 내가 어찌 그들이 잘못되고 내가 옳다고 주장할 수 있겠는가?"

정말 그럴듯하게 들리지 않는가? 아마 여러분도 이와 비슷한 경험을 해 본 적이 있었을 것이다.

또한 여러분도 성경을 읽는 중에 갑자기 다음과 같은 질문들이 물밀듯이 밀려왔던 적도 있었을 것이다.

"나는 정말 예수 그리스도가 존재했었다는 것을 확신하는가? 정말 그러한 기적들이 일어났을까? 어떻게 죽은 자가 다시 살아날 수 있단 말인가? 다른 종교들은 어떠할까? 예수님만이 하나님께로 갈 수 있는 길이라는 것은 다소 교만한 것 같지 않은가?" 의심은 끊임없이 꼬리를 물고 일어난다.

사단은 그러한 종류의 질문들을 당신에게도 제기할 것이다. 사단은 항상 하나님 말씀의 권위를 손상시키려 한다.

그는 에덴 동산에서도 하와에게 "… 하나님이 참으로…말라 하시더냐"(창 3 : 1)는 식으로 접근해 왔다. 그는 광야에서도 예수님께 "네가 만일 하나님의 아들이어든…"(눅 4 : 3)이라고 말하면서 시험해 왔다. 여러분에게도 역시 그러한 식으로 시험해 올 것이라 믿는다.

그러나 그것에 대비하여 하나님의 말씀이 우리에게는 **방향타와 나침반**과 같아서 험난한 세상에서 그리스도인의 삶을 잘 헤쳐 나갈 수 있도록 인도해 줄 것이다.

만약 마귀가 아주 작은 의심이라도 우리에게 심을 수만 있다면 우리는 그만큼 행로에서 떨어져 나가게 되고 만약 큰 의심을 우리 속에 심게 된다면 우리는 완전히 파선하고 말 것이다.

물론 그렇게 되도록 만드는 것이 사단의 목표이므로 우리는 그의 유혹에 동조하지 말아야 하며 그것이 마귀의 전술 가운데 하나임을 빨리 알아차려서 하나님의 말씀 위에 굳게 서도록 해야 한다.

마지막 한 가지 문제는 솔직하게 물어보는 질문과 의심하는 것을 혼돈하지 말아야 한다.

신약성서에서 천사가 사가랴와 마리아에게 동일한 말로 들려주었을 때 그에 대한 사가랴의 반응과 마리아가 반응하는 차이를 생각해 보라.

누가복음 1 : 18,34의 두 사람은 거의 같은 질문으로 대답한 것 같다. "이것을 어떻게 알리요?"에서 "어떻게"라는 말은 솔직하게 묻는 의문이라기 보다는 의문으로 가장한 묻는 자의 태도를 나타내는 것 같다.

사가랴는 믿을 수 없다는 듯이 "당신은 나를 놀리는군요. 절대로 그런 일은 일어날 수 없소이다"라고 말하듯이 되묻는다.

반면에 마리아는 하나님께서 어떤 방법으로 그와 같은 신비로운 일을 이루어 내실가를 묻는 것이다. 이 믿음은 마리아가 가브리엘 천사에게 마지막으로 하는 말 속에서 분명하게 증명되고 있다. "주의 계집종이오니 말씀대로 내게 이루어지이다…"(눅 1 : 38) 마리아는 하나님의 말씀을 의심하지 않았고 하나님의 계획에 복종하였던 것이다.

질문을 하는 것은 좋은 것이며 질문을 함으로써 우리는 배우게 된다. 솔직한 질문을 통하여 의심의 유혹을 오히려 하나님과 그분이 말씀, 그분의 섭리의 방법을 깨달아 성장힐 수 있는 기회로 삼기를 바란다.

솔직한 질문 끝에는 항상 하나님의 진실하심을 발견하게 될 것이다. 그래서 바울 역시 로마서 3 : 4에 다음과 같은 결론을 내린다. "… 사람은 다 거짓되되 오직 하나님은 참되시다 할지어다…"

두려움(Fear)

마귀의 또 다른 계략은 공포의 전술을 사용하는 것이다. 사단은 하나님을 믿고 순종하는 사람들에게 결과가 나쁘게 될 것이라는 불길한 생각으로 위협해 온다.

18세기의 대 부흥사인 조지 횟필드(George Whitefiled)는 그의 친구 존 웨슬리(John Wesley)를 방문하여 야외 전도집회를 맡아 달라고 부탁을 하였다.

그러자 웨슬리는 그 순간 만약 자기가 야외집회를 하게 되면 꼭 죽을 것만 같은 생각이 들었다.

그래서 그는 하나님의 뜻을 알기 위하여 성경을 찾아보았고 그는 말씀을 통하여 자신이 죽음을 두려워하고 있음을 발견하게 되었다. 하나님께서 지금 그를 사역의 길로 부르시는데 그가 두려워하는 것은 단지 그 길을 방해하는 마귀의 역사 외에는 아무 것도 아닌 것임이 밝혀졌다.

그때의 부름을 통하여 존 웨슬리(John Wesley)는 복음 전도자의 길에 들어서게 되었고 50여 년이 넘도록 수만 명의 영혼을 주님께로 돌아오게 하여 마침내 감리교를 창설하게 된 것이다.

이 공포의 전술에 대한 또 한 예로 여러 환경을 통하여 예수님께서 이스라엘의 메시야이심을 믿게 된 한 랍비의 이야기에서도 볼 수 있다.

그는 그리스도를 영접한 후 어느 한 날을 택하여 모든 사람 앞에서 세례를 받으면서 그의 믿음을 고백해야 할 필요를 느끼게 되었다.

그가 세례받는 날 일어난 사건은 우리 가운데서 역사하시는 하나님의 일을 공포의 전술로써 방해하는 사단의 시도였음을 충분히 설명하고도 남음이 있다.

어느 날 새벽 미명에 나는 후들후들 떨면서 잠에서 깨었다. 누군가 옆에서 내게 묻는 것 같았다.

'너 오늘 무엇을 하려고 하지?' 나는 침대에서 벌떡 일어나 방안을 왔다갔다하며 도대체 나 자신조차 내가 무엇을 하고 있는지를 깨닫지 못하고 있었다. 얼마 전까지만 해도 나는 많은 사람들 앞에서 공식적으로 예수 그리스도를 나의 주님으로 고백하고 세례받기를 얼마나 열망하고 기다려 왔는지 모른다.

그런데 갑작스런 변화가 내게 닥쳐 왔다. 물론 내게 속삭이던 그 음성은 온 인류의 대 원수의 소리였으나 너무나 간교하였으므로 나 자신도 그때 그가 사단이었다는 것을 알아차릴 수가 없었다. 많은 의문들이 삽시간에 꼬리를 물고 일어났으므로 나는 정신적으로, 심리적으로 몹시 고통스러웠다.

사단은 이렇게 질문해 왔다. '네가 세례를 받겠다고? 네가? 그렇게 하기만 하면 넌 당장 네 사랑하는 아내와의 관계가 끊어진다는 사실을 알고 있겠지?

그렇게 되면 넌 이제 아내와는 다시는 함께 살 수 없고 네가 사랑하는 4명의 자녀들도 다시는 너를 아빠라고 부를 수도 없거니와 얼굴도 볼 수 없게 되는 뻔한 사실을 네가 더 잘 알고 있을텐데? 너의 형제들이나 일가 친척들이 이제부터는 너를 죽었다고 생각하고서 영원히 상처받은 마음을 안고 살아갈 것이다. 네 혈육에게 어떻게 그런 잔인한 일을 할 수 있겠는가? 너를 아는 자들이 그 어느 때보다도 너를 경멸하고 미워하게 될 것이고, 네 가족들까지도 관계를 다 끊어 버릴 것이며 이 세상에서 넌 친구도 없게 될 것은 너무나 확연한 사실이다. 너는 마치 바다 한 복판에서 표류하는 한 조각의 나무같이 홀로 남게 된다. 또한 너의 이름이나 명예, 대외적인 지위가 어떻게 되겠는가?

사단은 이러한 생각들을 내가 아주 잘 들을 수 있게 집어 넣어 주는 것이었다. 그 원수를 내가 개인적으로 아주 가깝게 만난 것은 처음 있는 일이었다. 그는 내게 괴로움을 주기 시작했고 나는 거의 마음의 평정을 찾을 수가 없었다. 잠도 잘 수 없었고 거의 먹을 수도 없었다. 나와 함께 있던 친구가 이 사실을 눈치채고는 나에게 힘을 주고 용기를 주어 보려고 가능한 방법은 다 힘써 보았지만 허사였다. 나도 하나님께 기도하려고 무릎을 꿇어 보았지만 사단의 미혹은 내게 여전히 강하게 남아 있었다."

그는 계속해서 후에 일어난 일들을 이야기해 나갔다. 정신적으로나 심리적으로 너무나 괴로워서 세례를 도무지 받을 수 없을 것 같다고 하며 목사를 찾아갔다. 바로 그 시간에 교회를 함께 사역하는 다른 목사가 그곳에 있어서 그 일을 알게 되었고 그도 이 랍비가 그날 세례받아야만 한다는 성령의 감동을 강하게 느끼고 있었던 것이다.

그들이 함께 기도를 시작하자 곧 그를 억누르고 있던 무거운 것들이 갑자기 벗겨지면서 취소하겠다던 세례식을 거행하게 되었다.

결국 그는 세례를 받게 되었고 그가 소원하던 대로 모든 사람 앞에서 그리스도를 주님이라고 고백하였다.

이 사람은 후일 능력 있는 전도자가 되었고 유대인들에게 주님을 증거하는 미국 유대인 선교부(American Board of Missions to the Jews)를 창설하였다. 그리고 많은 유대인들이 예수님을 메시야로 믿는 믿음으로 돌아오도록 인도하였다.

여러분이 하나님께 순종하려고 할 때 사단은 이처럼 나쁜 결과가 닥칠 것만 같은 생각으로 여러분을 위협한다는 사실을 알고 있는가?

그렇지만 그것은 마치 존 웨슬리(John Wesley)가 경험했던 것처럼 효력 없는 단순한 협박에 지나지 않는다.

마귀는 여러분을 마치 사울이 다윗을 협박했던 것처럼, 도비야와 산발랏이 느헤미야를 협박했던 것처럼 공격할 것이다.

그러나 사단이 할 수 있는 일은 그것이 전부이다. 왜냐하면 성경은 "… 너희 안에 계신 이가 세상에 있는 이보다 크심이라"(요일 4 : 4), "… 만일 하나님이 우리를 위하시면 누가 우리를 대적하리요"(롬 8 : 31)라고 말씀하시기 때문이다.

원수 사단으로 하여금 공포의 전술을 써서 여러분이 하나님의 뜻을 행치 못하게끔 허락하지 말라. "하나님이 우리에게 주신 것은 두려워하는 마음이 아니요 오직 능력과 사랑과 근신하는 마음이니"(딤후 1 : 7).

하늘에 계신 우리 아버지께서는 우리에게 영원하고도 최상의 것을 주시고 싶어하신다. 두려워하지 말고 그 아버지께 순종하며 그분께서 어떻게 하시는지 지켜 보라. 하나님 아버지만이 내게 무엇이 최상인지를 알고 계신다.

악한 생각들과 상상들(Evil Thoughts and Imaginations)

"마귀의 계략들" 중에 나타나는 또 다른 현상은 악한 생각들을 심어 주어 상상케 하는 것이다.

여러분은 기도 중에 갑자기 마음속에서 **불미스러운 생각들이** 일어나는 것을 경험해 본 적이 있는가? 예배드리는 중에 음탕한 그림들이 섬광처럼 머리를 스치고 지나가는 것을 경험해 본 적이 있는가? 또한 당신의 머릿속에 잠시나마 쾌씸한 생각들, 당신을 괴롭히거나 구역질나게 하는 것들, 제발 벗어 버리고 싶은 일들, 부도덕한 성행위, 죽여 버리고 싶은 생각 아니면 자살하고 싶은 생각들에 사로잡힌 적은 없었는가? 그러한 생각이 엄습해 올 때에 당신은 홀로 있는 것이 아니다.

여러분은 먼저 사도 바울이 "화전"이라고 말한 것, 즉 문자대로 표현한다면 악한 자가 쏘아대는 불붙은 화살이 무엇인지를 알아야 한다.

잠시 짚고 넘어가야 할 중요한 질문이 있다. 악한 자가 쏘는 불붙은 화살과 악한 것을 생각하는 죄 사이에는 어떤 차이가 있는가?

악한 것을 상상하는 근원은 우리의 마음속이다. 예수님께서는 "마음에서 나오는 것은 악한 생각…"(마 15 : 19)이라고 말씀하셨다.

악한 생각은 다스릴 수 있는 나의 능력 안에 있다. 그 안에는 내가 기쁨을 누릴 수 있는 요소도 있는 것이다.

그러나 반면에 악한 자가 쏘는 불붙은 화살은 밖에서부터 안으로 들어가는 것이므로 어느 정도가 되면 여러분의 능력으로는 조절이 되지 않는다. 여러분을 공격해 들어오기 때문이다. 여러분도 나쁜 생각에 사로잡혀 있는 것은 원치 않을 줄 알지만 이러한 공격들은 정신을 바짝 차리고 물리쳐야 한다.

찰스 스펄전(Charles Spurgeon)의 생애 가운데서 예화를 하나
들자면 한동안 그는 마음속에서 종종 일어나는 불경스러운 생각들
에 사로잡힘으로써 스스로 실망 상태에 빠지게 되었다. 심지어 나
중에는 자신의 구원 문제까지 의심할 지경에 이르렀다. 진실한 그
리스도인로서 어떻게 그와 같은 생각을 할 수 있느냐는 것 때문이
었다.

고민 끝에 그는 복음을 받고 목사가 된 그의 할아버지를 찾아가
자신의 심정을 다 털어놓았다. 그의 할아버지는 스펄전에게 '너는
그런 생각들을 즐기는가?'라고 질문하였고 젊은 스펄전은 "아니요.
저도 정말 싫습니다."

그에 대한 할아버지의 반응은 "그렇다면 그것들은 너와는 아무
상관이 없는 것들이란다. 그것들을 네 속에 자리잡지 못하게 하여
네 것으로 만들지 말아라. 그것들은 네 것이 아니고 마귀의 것이다"
라고 대답해 주셨다.

마귀는 간교하기 때문에 여러분 마음속에 생각을 심어 놓고는 여
러분으로 하여금 마치 여러분의 생각인 것처럼 만들어 버린다.

그러므로 그 생각을 그대로 받아들이지 말고 물리쳐서 그 배후에
있는 자가 누구인지를 알아내는 것이 중요하다. 그렇게 함으로써

여러분이 그러한 경우를 당할 때 오히려 기도와 예배의 기회로 이용하여 원수의 무기들을 되받아 쏘아댈 수 있다.

여러분도 브나야(Benaiah)와 같이 "… 저가 막대를 가지고 내려가서 그 애굽 사람의 손에서 창을 빼앗아 그 창으로 죽였더라"(삼하 23 : 21)고 할 수 있다.

"종말로 형제들아 무엇에든지 참되며 무엇에든지 경건하며 무엇에든지 옳으며 무엇에든지 정결하며 무엇에든지 사랑할 만하며 무엇에든지 칭찬할 만하며 무슨 덕이 있든지 무슨 기림이 있든지 이것들을 생각하라"(빌 4 : 8).

우리는 천성적으로 공허한 것을 싫어하므로 우리의 마음속을 오랫동안 비워둔 채 계속 있을 수는 없다. 좋은 생각들은 나쁜 생각을 할 여유를 주지 않는다.

우울증(Depression)

"마귀의 계략들" 가운데서도 이 우울증이 아마도 가장 곤혹스러운 것일 것이다.

마귀는 이때까지 우리가 나누었던 일들(정죄의식, 의심, 두려움, 악한 생각들과 상상들)을 모두 절망이라는 보따리에 한데 모아 도무지 희망이 보이지 않는 것처럼 우리 스스로 자포자기 하도록 만들어 버린다.

여러 시대를 통하여 많은 하나님의 사람들도 절망이 어떠한 것인지를 잘 알았던 것 같다.

시편 기자와 사도 바울도 이것을 체험했던 자들임을 알게 되면 여러분도 아마 놀라울 것이다.

> 나의 환난 날에 내가 주를 찾았으며 밤에는 내 손을 들고 거두지 아니 하였으며 내 영혼이 위로받기를 거절하였도다 내가 하나님을 생각하고 불안하여 근심하니 내 심령이 상하도다 주께서 나로 눈을 붙이지 못하게 하시니 내가 피로워 말할 수 없나이다
>
> 시편 77 : 2-4

> … 힘에 지나도록 심한 고생을 받아 살 소망까지 끊어지고
>
> 고린도후서 1 : 8

교회사 가운데서도 심한 절망 속에서 우울증으로 고통을 받았던 사람들의 많은 예가 있다.

영국의 위대한 시인이며, 찬송가 작시자인 윌리엄 쿠퍼(William Cowper)도 그의 평생을 이 우울증에 시달렸다.

찰스 스펄전(Charles Spurgeon)은 말하기를 "아마도 모든 사람

가운데 나만큼 자주 절망의 늪에 빠져본 사람은 없을 것이다… 그렇게 심한 우울 증세는 너무나도 무서운 것이므로 바라기는 여러분 중에 아무도 나처럼 깊은 수렁에 빠지는 자가 없기를 바란다"고 했다.

하나님의 사람이라고 해서 그러한 우울증에서 제외되는 법은 없다. 사람들마다 어느 정도의 우울증에 시달리고 있고, 다만 사람마다 정도의 차이는 있다. 그렇다면 그러한 우울 증세를 어떻게 대처해야 하는가?

무엇보다도 먼저 그 원인이 무엇인지를 알아야 하는데 기본적으로 우울 증세는 4가지의 형태가 있다.

첫째, 천성적으로 육체적 기관이 불균형하여 그 기능을 잘 발휘할 수 없다든지 또는 몸 속의 호르몬이나 화학물질이 균형을 이루지 못할 때 오는 우울증이 있다.

둘째, 환경적인 우울증이 있다. 생활 속의 어떤 문제들이 우울증을 유발한다.

셋째, 죄와 직접적으로 연관이 되어 나타난다.

넷째, 사단이 직접 역사하여 우울 증세가 나타난다.

우리가 어떻게 다루어야 하는 우울 증세인지 그 유형을 분류하기란 그리 쉽지 않다. 그러나 하나님께서는 지혜를 구하는 자에게 지혜를 주시겠다고 약속하셨다(약 1 : 5). 때문에 원인이 무엇인지 그것만 알아내면 그에 따른 처방을 내릴 수 있다.

그 원인이 육체의 조직 기관에 이상이 있다면 그에 대한 치료는 근본적으로 의학에 의존해야 한다.

또한 그 원인이 환경적인 데서 온 것이라면 처방은 그가 처한 환경을 성경적인 시각으로 보는 법과 하나님을 의지하는 법을 가르쳐 배우게 해야 한다.

죄에서 비롯된 것이라면 회개하는 것이 필수적이며 사단의 역사에서 비롯되었다면 영적 무기인 하나님의 말씀과 기도만이 효력을 나타낼 것이다.

우울증에 대한 약이 없었던 시대에 윌리엄 쿠퍼(William Cowper)는 깊은 흑암의 수렁에서 자살하고 싶은 우울증에 시달린 적이 있었는데 그의 신실한 친구 목사인 존 뉴턴(John Newton)에게 기도를 받고 벗어날 수 있었다.

물론 의학적인 치료가 도움을 줄 수도 있지만 하나님의 말씀과 기도를 배제한 의학적인 처방들은 절대로 효력이 없다. 우울증의 원인 뿌리가 무엇이든간에 그곳에는 반드시 사단의 역사가 게재되어 있다고 생각하며 그에 대한 처방은 성경말씀에서 도움을 얻어야 하고 보다 더 강렬한 기도를 통하여 치유될 수 있다.

여러분도 혹시 우울증에 시달려 본 적이 있다면 다음의 말씀을 기억하기 바란다.

너희는 믿음을 굳게 하여 저를 대적하라 이는 세상에 있는 너희 형제들도 동일한 고난을 당하는 줄을 앎이니라

베드로전서 5 : 9

… 하나님은 미쁘사 너희가 감당치 못할 시험당함을 허락지 아니하시고 시험당할 즈음에 또한 피할 길을 내사 너희로 능히 감당하게 하시느니라

고린도전서 10 : 13

마귀의 거짓말을 믿지 말라. 마귀는 여러분에게 이제는 소망도 없이 이렇게 살다가 인생은 끝나게 될 것이라고 속삭일 것이다.

주님을 바라보라! 그분의 이름을 부르라! 그분의 말씀 위에 굳게 서서 다른 사람들에게 여러분을 위한 기도를 부탁하여 영적인 조언을 구하라. 그러면 "평강의 하나님께서 속히 사단을 너희 발 아래서 상하게 하시리라"(롬 16 : 20)는 말씀을 깨닫게 될 것이다.

이제 우리를 대적하는 마귀와의 마지막 전쟁 장면! 그것은 유혹 (Temptation)이다.

제4장
유혹

Temptation

유혹임을 깨달음

유혹을 피함

유혹을 극복함

제4장

유혹(Temptation)

근신하라 깨어라 너희 대적 마귀가 우는 사자같이 두루 다니며
삼킬 자를 찾나니 너희는 믿음을 굳게 하여 저를 대적하라 이는
세상에 있는 너희 형제들도 동일한 고난을 당하는 줄을 앎이니라

베드로전서 5 : 8-9

 사단의 사악한 활동 중의 하나는 인간을 유혹하는 일이
다. 신자이든 불신자이든 대부분의 사람들이 경험하듯이
사단은 사람들로 하여금 나쁜 일을 행하도록 유인하여 미
혹케 한다.

그 가운데서도 신자들을 유혹하는 데는 한층 더 많은 노력을 기
울이고 있다. 사단은 신자 한 사람이 유혹에 빠지게 될 때에 그것으로

인하여 교회가 수치를 당하고 하나님의 이름이 비난받게 된다는 것을 잘 알고 있다.

밧세바로 인한 다윗의 범죄는 원수들에게 하나님을 모독할 수 있는 큰 비난거리를 제공한 것이다. 신자들이 범죄하게 될 때도 그와 같은 경우가 된다.

이것이 바로 사단이 성도들을 유혹하는 이유 중의 하나이다. 사단이 유혹하는 또 다른 이유는 여러분이 밉기도 하거니와 여러분을 망하게 하고 싶어하기 때문이다. 사단은, "… 죄가 장성한즉 사망을 낳느니라"(약 1 : 15)는 사실을 잘 알고 있다.

베드로는 사단을 두고 "… 우는 사자같이 두루 다니며 삼킬 자를 찾나니"(벧전 5 : 8)라고 언급하였다.

그도 사단이 인간을 미혹하기 위해 활동하고 있다는 사실을 확실하게 생각했던 것이다.

그 유혹자의 목적은 죽음과 파멸이기 때문에 우리는 그의 유혹을 가볍게 생각해서는 안되며 그들에게 대비하여 정신을 똑바로 차리고 방심하지 말아야 하겠다.

유혹임을 깨달음(Recognizing Temptation)

유혹과 관련하여 우리에게 반드시 필요한 첫 번째는 유혹을 받을 때에 그것이 유혹임을 깨닫는 법을 배우는 것이다.

사단의 속성 중의 하나는 그의 미묘함이다. 그는 자신을 너무나 잘 가장하여 다가오므로 유혹을 당하는 사람은 현실적으로 일어나고 있는 일들의 실체를 전혀 알아차리지 못할 수 있다. 낚시꾼들이 물고기마다 좋아하는 미끼를 정확하게 알고 있듯이 사단 역시 여러분의 약한 부분을 알고서는 그에 따른 유혹으로 여러분에게 접근해 올 것이다.

어려움을 당하고 있는 어떤 소녀에게는 광명의 천사로, 때로는 여러분이 고민하고 있는 재정 문제의 해결자로, 또는 초라한 여러분의 자아상에 대한 문제의 해답자로 나타날 수 있다.

그러한 목록을 나열하자면 끝이 없다. 바울은 고린도 교인들의 편지 속에서 이와 같은 사단의 속성을 언급하고 있다. "뱀이 그 간계로 이와(하와)를 미혹케 한 것같이 너희 마음이 그리스도를 향하는 진실함과 깨끗함에서 떠나 부패할까 두려워하노라"(고후 11 : 3).

때때로 유혹당하고 있음을 알아차리는 것이 쉬운 일은 아니지만 여러분을 합리화시키거나 타협하게 하든지 또는 하나님의 말씀에 순종하지 못하게 만드는 어떠한 상황에 부딪치게 될 때에는 여러분은 **분**명히 유혹당하고 있음을 깨달을 수 있어야 한다.

유혹을 피함(Avoiding Temptation)

유혹을 대처하는 또 다른 중요한 방법은 될 수 있는 대로 온갖 노력을 기울여 유혹의 환경을 피하는 것이다.

유혹을 피할 수 있는 모든 것의 첫 번째의 방법은 기도하는 것이다. 예수님께서는 "시험(유혹)에 들지 않게 깨어 있어 기도하라…"(마 26 : 41)고 말씀하셨다.

두 번째는 자기 자신을 올바르게 파악하는 것이다. 이 말은 자신의 약점을 잘 알아서 특별히 문제를 야기시킬 수 있는 요소들을 멀리 하라는 뜻이다.

여러분이 만약 성적인 유혹에 약하다면 여러분을 넘어뜨리게 하는 환경의 요소를 있는 힘을 다하여 피해야 하며 여러분을 유혹하는 어떤 사람이나 모임이라도 멀리해야 한다.

그것은 어떤 연예문화의 형태를 의미하는 것일 수도 있다. 예를 들면 극장이나 T.V. 특히 음란영화를 방영하는 유선방송과 컴퓨터의 포르노 인터넷 사이트 또는 음란잡지를 늘어 놓은 편의점의 진열대까지도 피하는 것이 좋다.

만약 여러분의 약점이 술이나 마약에 있다면 그런 유혹을 받게 만드는 사람이나 장소 또는 상황이나 모임 등을 피해야 한다.

이 원리들은 우리의 모든 약점에도 다 똑같이 적용된다.

요셉이 보디발의 아내에게 유혹을 받았던 것처럼 여러분도 지금 그러한 유혹 속에 있다면 여러분이 할 수 있는 유일한 길은 요셉이 그랬던 것처럼 그 곳을 도망치는 수밖에 없다.

여러분의 약한 부분을 아는 것이 곧 유혹을 이길 수 있는 첫 단계이다. "그런즉 선 줄로 생각하는 자는 넘어질까 조심하라"(고전 10 : 12).

여러분 자신을 유혹이 있는 환경 속에 두지 말라. 성경은 이에 관해 "… 이것들을 피하고 의와 경건과 믿음과 사랑과 인내와 온유를 좇으며 믿음의 선한 싸움을 싸우라 영생을 취하라…"(딤전 6 : 11-12)고 말하고 있다.

유혹을 극복함(Overcoming Temptation)

유혹받는 것에 대한 단 한 가지 복된 소식은 우리도 유혹에 대하여 승리할 수 있다는 것이다. 이 사실을 아는 것은 대단히 중요하다.

다른 신자들이 하는 이야기를 듣거나 또는 어떤 신자들의 행동을 지켜보면 유혹은 도무지 이겨낼 수 없는 것으로 생각되어지거나 또는 유혹에 넘어지는 것은 신자로서 당연히 경험하는 일들 중에 하나로 여겨질 수도 있다.

그러나 진리에서 벗어나 있는 일은 어떤 일이라도 일이날 수 없다. 성경은 우리들에게 승리할 수 있다고 말해 주고 있다.

사도 요한은 말하기를 "나의 자녀들아 내가 이것을 너희에게 씀은 너희로 죄를 범치 않게 하려 함이라…"(요일 2 : 1)고 하였다.

또한 야고보는 "그런즉 너희는 하나님께 순복할지어다 마귀를 대적하라 그리하면 너희를 피하리라 하나님을 가까이 하라 그리하면 너희를 가까이 하시리라…"(약 4 : 7-8)는 말씀으로 우리들이 어떻게 승리할 수 있는가를 교훈하고 있다.

승리는 하나님께 전적으로 순복하는 데서 시작된다. 만약 예수님께서 우리 삶의 주(主)가 되지 못하신다면 승리는 대단히 어려운 일이다. 그러나 예수님께서 여러분의 주(主)가 되신다면 유혹에서 반드시 승리할 수 있다.

우리 자신이 하나님께 순복하게 되면 마귀를 대적할 수 있다. 마귀를 대적한다는 것은 하나님께서 우리에게 주신 무기로써 그를 대항하여 마주 서 있는 것이다. 가장 기본적인 무기는 하나님의 말씀(The Word of God)으로 우리가 이것을 가지고 사단에게 대항하면 그는 도망가 버리고 말 것이다.

마태복음 4 : 1-11은 곧 그리스도의 생애 속에서 이러한 일이 훌륭하게 설명되어진 곳이다.

예수님께서 사십 일을 밤낮으로 금식하신 후에 사단을 만나게 되셨을 때 사단은 예수님께, "… 네가 만일 하나님의 아들이어든 명하여

이 돌들이 떡덩이가 되게 하라"고 유혹했다.

여기에서 예수님께서는 우리에게 어떻게 사단을 대적해야 해야 하는가의 교훈을 하나님의 말씀을 가지고 보여 주신다. "기록되었으되 사람이 떡으로만 살 것이 아니요 하나님의 입으로 나오는 모든 말씀으로 살 것이라 하였느니라".

사단이 유혹해 올 때마다 예수님께서는 하나님의 말씀으로 대응하셨다. 우리들도 유혹을 당할 때에 예수님께서 하신 것처럼 하나님의 말씀으로 확실하게 대응하여야 하겠다.

사단이 여러분으로 하여금 옛 성품의 습관으로 되돌아가도록 유혹한다면 고린도후서 5 : 17을 가지고 대적하라. "그런즉 누구든지 그리스도 안에 있으면 새로운 피조물이라 이전 것은 지나갔으니 보라 새 것이 되었도다".

그리고 로마서 6 : 11-12의 말씀에서도 "이와 같이 너희도 너희 자신을 죄에 대하여는 죽은 자요 그리스도 예수 안에서 하나님을 대하여는 산 자로 여길지어다 그러므로 너희는 죄로 너희 죽을 몸에 왕노릇 하지 못하게 하여 몸의 사욕을 순종치 말고"라고 하였다.

사단이 여러분에게 부도덕한 행실로나 하나님께서 금하신 물질들로 유혹해 올 때에는 고린도전시 6 : 19-20의 말씀으로 대적하라. "너희 몸은 너희가 하나님께로부터 받은 바 너희 가운데 계신 성령의 전인줄을 알지 못하느냐 너희는 너희의 것이 아니라 값으로 산 것이 되었으니 그런즉 너희 몸으로 하나님께 영광을 돌리라".

우리는 다윗이 말한 가운데서 유혹에 대해 실제적으로 대처하는 중요한 방법을 발견할 수 있다. "내가 주께 범죄치 아니하려 하여 주의 말씀을 내 마음에 두었나이다"(시 119 : 11).

암송해둔 성경말씀은 우리들이 유혹에 부딪칠 때에 큰 자산이 되기도 한다.

마지막으로 기억할 말씀은 "우리가 알거니와 우리 옛 사람이 예수와 함께 십자가에 못 박힌 것은 죄의 몸이 멸하여 다시는 우리가 죄에게 종 노릇 하지 아니하려 함이니… 죄에게서 해방되어 의에게 종이 되었느니라"(롬 6 : 6, 18).

우리는 유혹을 마지막으로 다루면서 원수의 본성과 그의 활동을 공부하였다.

이제부터는 그리스도인을 영적 전쟁에서 승리로 이끌어 줄 수 있는 비결에 대하여 살펴보기로 하면서 하나님의 말씀 중에 우리에게 용기를 주는 말씀 두 가지를 마지막으로 소개하고 이 장을 마치기로 하겠다.

사람이 감당할 시험밖에는 너희에게 당한 것이 없나니 오직 하나님은 미쁘사 너희가 감당치 못할 시험당함을 허락지 아니하시고 시험당할 즈음에 또한 피할 길을 내사 너희로 능히 감당하게 하시느니라

고린도전서 10 : 13

그러므로 우리에게 큰 대제사장이 있으니 승천하신자 곧 하나님 아들 예수시라 우리가 믿는 도리를 굳게 잡을지어다 우리에게 있는 대제사장은 우리 연약함을 체휼하지 아니하는 자가 아니요 모든 일에 우리와 한결같이 시험을 받은 자로되 죄는 없으시니라 그러므로 우리가 긍휼하심을 받고 때를 따라 돕는 은혜를 얻기 위하여 은혜의 보좌 앞에 담대히 나아갈 것이니라

히브리서 4 : 14-16

The Armor of God

제5장
하나님의 전신갑주

진리의 허리띠

의의 흉배

평안의 신

믿음의 방패

구원의 투구

성령의 검

전쟁의 실례들

말씀을 읽으라

말씀을 묵상하라

말씀을 연구하라

말씀을 암송하라

제 5 장

하나님의 전신갑주(The Armor of God)

그러므로 하나님의 전신갑주를 취하라 이는 악한 날에 너희가
능히 대적하고 모든 일을 행한 후에 서기 위함이라 그런즉 서서
진리로 너희 허리띠를 띠고 의의 흉배를 붙이고 평안의 복음의
예비한 것으로 신을 신고 모든 것 위에 믿음의 방패를 가지고 이
로써 능히 악한 자의 모든 화전을 소멸하고 구원의 투구와 성령
의 검 곧 하나님의 말씀을 가지라

에베소서 6 : 13-17

이제부터는 영적 전쟁을 치르는데 있어서 우리편의 무기
들을 살펴보도록 하자.

우리가 위의 성경말씀을 읽는 동안 바울은 우리에게 전
쟁터에 나가는 완전 무장한 로마 군인을 그려 주면서 그와 똑같이
하나님의 전신갑주를 설명하고 있다.

바울은 로마 군인의 복장에 비추어서 전신갑주를 부분 부분 나열

하고 있다. 그 당시 로마 군인들이 입었던 복장이 어떠했는가에 관심을 두지 말고 그 복장 이면의 바울이 전달하고자 하는 뜻에 더 마음을 모으기 바란다.

사도 바울이 중요하게 여기는 점이 무엇인가? 하나님의 전신갑주(The Armor of God)는 정확하게 무엇을 말하는가?

하나님의 전신갑주는 필수적으로 하나님의 말씀인 성경을 이해하고 적용하는 것이다. 갑옷의 각 부분은 진리되신 말씀을 구체적으로 나타내며 흑암의 세력을 무찌를 수 있도록 능력 있는 말씀으로 완전하게 이해하고 적용할 수 있게 해 준다.

우리는 보통 갑옷을 생각하면 대부분이 방어용으로 사용되는 것으로 알고 있다. 이 갑옷도 적이 공격할 때에 우리를 보호하기 위해 주어진 것이다.

진리의 허리띠, 의의 흉배, 평안의 신발, 믿음의 방패, 구원의 투구는 대부분 우리로 하여금 터를 빼앗기지 않고 굳건하게 설 수 있게 하는 방어용이다.

이 갑옷이 방어용이라 함은 하나님 말씀의 지식을 세밀하게 나타내 주고 있기 때문이다. 그 속에는 성도에게 믿음을 주는 위대한 교훈들을 담고 있다.

진리의 허리띠(Belt of Truth)

갑옷 중에 허리띠를 맨 먼저 말씀하신 이유는 허리띠는 전신갑주 중의 가장 기초가 되는 부분이기 때문이다. 허리띠를 매어야 군인은 기동할 수 있는 힘을 얻게 되는데 그것이 바로 진리의 허리띠이다.

하나님 말씀의 진리들은 영적 전쟁이 벌어질 때 든든히 설 수 있게 하는 기반이 된다. 진리로 허리띠를 띤다는 것은 진리를 알고 진리를 믿는 믿음을 가진다는 뜻이다.

그렇게 되면 우리의 대적이 인간적인 이성이나 전통 또는 이론적인 판단이나 그 어떤 것을 가지고 하나님 말씀의 진리에 대항한다해도 도무지 이겨낼 수 없다.

그러므로 우리는 진리이신 하나님의 말씀으로 준비해야 하며 이것은 하나님의 말씀에 푹 빠져 몰두할 때에 이루어진다.

의(義)의 흉배(Breast plate of Righteousness)

다음으로 의의 흉배를 생각해 보자.

물론 흉배라는 것은 우리 몸의 아주 중요한 기관들을 보호하기 위한 것이다. 예를 들면 심장, 허파 또는 체장, 간 등이다.

우리 선조들은 신체의 이 부분에 감정이라는 자리가 있는 것으로 믿었다. 그러므로 슬픔을 말할 때에 "가슴이 아프다"고 표현을 하기도하고 동정심을 말할 때에는 "자비로운 마음"이라고 표현하기도 했다.

그러므로 흉배는 우리들의 감정의 영역을 다치지 않도록 보호하는 것이다. 여기서 주목할 것은 그 흉배가 의(義)의 흉배임을 기억하는 것이다.

우리가 의(義)를 위해 싸울 때 사단은 종종 우리의 감정을 공격할 때가 많다. 공의를 위해 대항하다보면 사단은 우리의 감정을 상하게 하고 화나게 만드는데 정죄의식도 이와 같아서 사단은 이것을 이용하여 하나님께서 나를 싫어하신다고 느끼도록 만든다.

이들의 공격을 막을 수 있는 첫 방어선은 그러한 정죄의식이 나를 엄습해 올 때마다 그리스도의 의(義)가 내게 입혀졌다는 사실을 확실하게 하는 것이다.

그것에 대한 지식은 성경말씀에서 얻을 수 있다. "하나님이 죄를 알지도 못하신 자로 우리를 대신하여 죄를 삼으신 것은 우리로 하여금 저의 안에서 하나님의 의(義)가 되게 하려 하심이니라"(고후 5 : 21).

"이는 그의 사랑하시는 자 안에서 우리에게 거저 주시는 바…"(엡 1 : 6).

"그 안에서 발견되려 함이니 내가 가진 의(義)는 율법에서 난 것이 아니요 오직 그리스도를 믿음으로 말미암은 것이니 곧 믿음으로 하나님께로서 난 의라"(빌 3 : 9).

바울이 의의 흉배를 입으라고 말한 것에서의 "의"(義)란 바로 그리스도로 인하여 입혀지는 의(義)를 가리킨다.

두 번째로 의의 흉배는 의로운 생활을 적극적으로 실천해 나가는 것이다. 거룩하고 경건한 삶은 마귀가 미혹하는 죄의 길에 쉽게 빠져들지 않게 한다.

평안의 신(Boots of Peace)

우리들의 발은 평안의 복음으로 신을 신도록 준비해야 한다.

로마 군인들은 전쟁에 나갈 때 징이 박힌 샌들을 신었는데 싸움할 때에 발이 미끄러질까 하여 불안해하지 않고 든든히 서 있을 수 있었다. 그러한 신발은 그들에게 자신감을 가지게 했고 한참 전쟁중에라도 평안한 마음을 갖고 싸움에 임할 수 있었다.

하나님의 평강은 전쟁 중인 우리에게도 안정감과 확신을 준다. 우리들을 실망과 좌절의 늪에서 보호해 주는 것은 하나님의 평강인 것이다.

믿음의 방패(Shield of Faith)

이제 믿음의 방패를 말할 차례이다.

여기서 말하는 방패는 군인이 온전히 몸을 숨길 수 있을 만큼 커

야 하며 적이 연발로 쏘아대는 화살에서 철저하게 보호해 주는 것
이어야만 한다.

로마 군인들을 보호해 주었던 이 방패는 곧 믿음의 방패로써 우
리 그리스도인들을 그같이 보호해 줄 것이다.

믿음의 방패는 하나님의 말씀을 통하여 알려진 하나님의 성품,
인격, 그의 사랑과 약속들을 신뢰하는 행위이다. 이 방패야말로 사
악한 원수가 쏘아대는 불붙은 화살을 막아내는 은신처인 것이다.

구원의 투구(Helmet of Salvation)

방어의 마지막 장비는 구원의 투구이다.

이 투구는 구원의 확신에 대한 대적의 공격으로부터 우리의 마음
이 흔들리지 않도록 보호해 준다.

사단은 우리가 하나님을 위해 행한 것이 너무나 부족함을 들어서
과연 내가 구원받을 수 있는지 없는지 의문을 일으키게 한다.

따라서 구원은 오직 은혜만으로 된다는 진리를 깨닫고 적용하는 것
이 곧 구원의 투구를 쓰는 것이 된다. 다시 말하지만 이 사실은 하나
님의 말씀을 통하여 알 수 있다.

너희가 그 은혜를 인하여 믿음으로 말미암아 구원을 얻었나니 이것이

너희에게서 난 것이 아니요 하나님의 선물이라 행위에서 난 것이 아니
니 이는 누구든지 자랑치 못하게 함이니라

에베소서 2 : 8-9

우리를 구원하시되 우리의 행한 바 의로운 행위로 말미암지 아니하고
오직 그의 긍휼하심을 좇아 중생의 씻음과 성령의 새롭게 하심으로 하
셨나니

디도서 3 : 5

이 진리의 말씀들을 굳게 잡는 것이 곧 구원의 투구를 쓰는 것이다.

성령의 검(Sword of the Spirit)

이제 전신갑주의 마지막 부분의 무기가 남았는데 그것은 성령의
검이다. 이 무기는 하나님의 말씀을 가리키는데 매우 공격적이다.
더 정확히 말하면 하나님께로부터 나온 말씀 곧 성경이다.

성경말씀은 양날이 선 어떤 칼보다도 예리하다.

성경말씀은 하나님의 지혜이며 하나님의 능력이다.

성경말씀은 이성과 양심에 호소한다.

성경말씀은 세상 신리에서 나오는 능력이 아니라 하나님의 진리
에서 나오는 능력이다.

성경은 모든 거짓된 것, 거짓된 철학, 거짓된 도덕윤리, 악독, 사단적인 모든 일들에 반대되는 오직 유일하고도 충분한 회답을 주시는 하나님의 말씀으로써 어떤 종류의 어두운 세력이라도 다 몰아낼 수 있다.

이러한 하나님의 말씀은 교회에서 회중과 더불어 접할 수도 있고 성도들이 개인적으로 직접 접할 수도 있다.

죄와 오류를 이길 수 있는 승리의 비결이 모두 하나님의 말씀 속에 있다. 오직 하나님의 말씀만 믿고 그대로 행하기만 하면 반드시 우리의 원수를 정복할 수 있다.

그러나 말씀 외에 이성이나 과학, 전통 또는 사람들이 만든 규범들이 그 자리를 차지하고 있다면 교회나 각 성도 개개인은 원수의 수하에 들어가게 되고 말 것이다.

전쟁의 실례들(Our Example in Battle)

예수님께서 이 세상에서 사역하실 때 성령의 검을 어떻게 사용하셨는지 알아보자.

그리스도께서 광야에서 하나님의 말씀으로 어떻게 사단을 물리치셨는지는 우리가 이미 다 아는 사실이다.

예수님께서 세상에서 사역하시는 중 서기관과 바리새인들을 대할 때마다 그와 같은 경우가 거듭 되풀이되는 것을 우리는 쉽게 볼 수 있다. 매 경우마다 우리 주님께서는 성령의 검을 가지고 기술적으로 원수의 입을 다물게 하셨다.

마태복음 21 : 15-16에 기록되었던 상황을 예를 들면 종교 지도자들은 어린아이들이 예수님을 메시야라고 부르는 것에 대해 화가 나 있었다. 그때에 예수님의 반응을 기억하는가?

예수님께서는 이들에게 "… 어린 아기와 젖먹이들의 입에서 나오는 찬미를 온전케 하셨나이다 함을 너희가 읽어 본 일이 없느냐"라고 대응하셨다.

부활을 반대하는 사두개인들이 예수님을 꼼짝 못할 궁지에 빠지게 하는 질문을 했다고 스스로 생각했을 때 예수님의 반응은 또 어떠했는가?

예수님께서는 "너희가 성경도 하나님의 능력도 알지 못하는 고로 오해하였도다… 죽은 자의 부활을 의논할진대 하나님이 너희에게 말씀하신 바 나는 아브라함의 하나님이요 이삭의 하나님이요 야곱의 하나님이로라 하신 것을 읽어 보지 못하였느냐 하나님은 죽은 자의 하나님이 아니요 산 자의 하나님이시니라"(마 22 : 29-32)고 하셨다.

한 예를 더 들면 그리스도를 단순히 다윗의 아들일 뿐이라고 고집하는 바리새인의 주장에 반응하시는 예수님의 대답은, "사람들이 어찌하여 그리스도를 다윗의 자손이라 하느냐 시편에 다윗이 친히 말하였으되 주께서 내 주께 이르시되 내가 네 원수를 네 발의 발등상으로 둘 때까지 내 우편에 앉았으라 하셨도다 하였느니라 그런즉 다윗이 그리스도를 주라 칭하였으니 어찌 그의 자손이 되겠느뇨 하시니라"(눅 20 : 41-44)고 하셨다.

이와 같이 성경은 매 경우마다 우리 구원의 대장이신 예수님께서 성령의 검을 어떻게 효과적으로 사용하셨는지 간접적으로 가르쳐 주고 있다.

이제까지는 하나님의 전신갑주에 대하여 밝히 알아내었고 이제는 그 옷을 어떻게 입을 것이냐를 생각해 보아야 하겠다. 우리에게 권고하시는 말씀이 "하나님의 전신갑주를 입으라"고 하셨기 때문이다.

하나님의 전신갑주가 하나님의 말씀을 깨닫고 적용하는 것이라면 하나님의 전신갑주를 입는다는 것은 성경말씀을 완전하게 통달함으로써 내 것으로 갖추는 것을 말한다. 말씀에 대한 깨달음은 읽고, 묵상하고, 공부하고, 암송하는 데에 시간을 들인 만큼 증가하게 되어질 것이다.

그러면 이제부터 하나님의 말씀을 가까이 하는 데 있어서 몇 가지의 방법을 간단히 살펴보도록 하겠다.

말씀을 읽으라(Reading)

　하나님의 말씀을 읽는 것은 말씀에 접근하는 가장 손쉬운 첫 단
계이다. 창세기에서 시작하여 요한계시록까지 계속 읽다 보면 도중
에 성령님께서 서서히 그러나 확실하게 우리를 다시금 조성하시고
우리 안에서 그리스도 중심의 세계관을 창조해 나가실 것이다.

　말씀을 꾸준히 읽어 가는 동안 우리는 성령님에 의해 영적으로
생각하는 것에 훈련되어지게 되며 주님은 우리들에게 그리스도의
마음을 부어주실 것이다.

　나는 잠자러 가기 전에 성경 읽기를 좋아한다. 성경을 읽으면서
하루를 끝내는 것도 대단히 좋은 방법으로 꾸준히 매일 저녁 45분
에서 1시간 정도 읽게 되면 1년이 채 못 되어 성경 한 권을 다 읽게
된다. 한 번 끝냈으면 또 다시 창세기에서 시작하여 계속 읽어나가
라. 쓰여진 말씀을 더 잘 알수록 살아 역사하시는 말씀되신 주 예수
그리스도를 더 밝히 알게 될 것이다.

말씀을 묵상하라(Meditaion)

　말씀에 접근하는 다음 단계는 묵상이다. 물론 묵상 자체도 말씀을
읽어야 하는 것이지만 단순하게 읽는 것보다는 더 깊은 단계이다.

묵상한다는 말의 뜻은 깊이 생각한다는 것이다. 즉 자기 자신에게 말을 하는 것이며 그것은 바로 우리가 말씀과 함께 하는 것이다.

우리는 말씀에 대하여 생각을 해야 하고 말씀에 대하여 우리 자신과 대화할 수 있어야 하며 말씀에 대하여 주님과 이야기를 나눌 수 있어야 한다.

묵상은 그냥 읽어나가는 것과는 큰 차이가 있다. 그것은 더 많은 시간과 집중을 필요로 하기 때문이다. 나는 말씀의 한 부분을 묵상할 때에 그것에 대하여 기도하면서 나 자신에게도 질문해 본다.

누구에게 이 말씀이 쓰여졌을까?

무엇을 말씀하시는 것일까?

내게는 이 말씀이 어떻게 적용되나?

여기에 말씀되어진 것이 성경의 다른 말씀과 어떻게 관련이 되어지고 있나?

묵상할 때에 나는 항상 펜과 메모할 종이를 준비해서 그 시간에 주님께서 말씀하시는 모든 것은 다 메모해 둔다. 나로서는 이른 아침이 묵상하기에 제일 좋은 시간으로 택하고 있으며 묵상할 말씀은 신약부터 시작한다.

각자 자기에게 알맞은 자신만의 장소와 시간을 택하라. 그러한 자에게는 축복이 약속되어 있다.

"오직 여호와의 율법을 즐거워하여 그 율법을 주야로 묵상하는 자로다"(시 1:2).

가능한 많은 시간을 묵상하는 데 사용하고 묵상을 최우선으로 해 보라!

말씀을 연구하라(Study)

말씀을 연구한다는 것은 그리스도인이라면 누구나 해야 할 필요가 있는 것인 줄 안다.

말씀을 읽고 묵상하는 것과 말씀을 연구하는 데에는 차이가 있는데 연구한다는 것은 도움이 되는 어떤 도구들을 사용하는 것으로 그 도구는 성경용어사전, 성경사전, 성경핸드북, 헬라어와 히브리어 단어연구, 주석 등이 되겠다.

이 모든 것들은 우리가 말씀을 이해하는 데 아주 큰 도움이 될 것이다. 그러나 이런 자료들을 이용할 수 없는 형편이더라도 성경공부를 잘할 수 있는 길이 있다.

그것은 조직적으로 말씀을 잘 가르쳐 주시는 기름부음을 받은 성경교사 밑에 앉아 있는 것이다. 그렇게만 할 수 있다면 너무나 훌륭한 기회이므로 여러분은 하나님께 감사하고 그것을 십분 이용하라고 권고하고 싶다.

무슨 방법을 쓰든지 여러분에게 제일 적합한 방법을 사용해서 성경공부가 규칙적인 여러분 생활의 한 부분이 되게 하라. 그렇게 되면 여러분은 하나님의 전신갑주로 더욱더 견고하게 무장하고 있음을 알게 될 것이다.

말씀을 암송하라(Memorization)

하나님의 전신갑주로 무장하는 마지막 단계는 말씀을 암송하는 것이다.

하나님의 말씀을 암송하는 일은 하나님의 전신갑주를 입는데 아주 중요한 부분이다.

요한은 그의 서신인 요한일서 2 : 14에서 말하기를 젊은이들이 힘있게 사단을 격퇴할 수 있는 길은 하나님의 말씀이 그들의 마음속에 거하게 될 때라고 했다.

하나님의 말씀을 늘 암기하여 여러분 속에 거하게 하는 것보다 더 여러분을 굳세게 만드는 방법은 없다. 여러분에게 가장 힘있게 말씀하시는 구절들을 자꾸 되풀이하여 읽는 것부터 시작하고 필요하다면 종이에 써서 매일 여러분의 것이 되기까지 여러 번 읽으라.

그러면 여러분은 모든 영적 무기고의 무기들 중에서 암송한 말씀이 최고의 힘을 낸다는 것을 알게 될 것이다.

마지막으로 말하고자 하는 바는, 이 모든 하나님의 전신갑주는 입어야만 승리할 수 있음을 기억하라는 것이다.

　문제는 과연 우리가 그 무장의 갑옷을 취할 수 있을까 하는 것인데 그것은 물론 하나님께서 도와주실 것이다. 우리가 영적으로 부요하게 되는 모든 것은 하나님을 의뢰함에 달려 있다.

Fit for the Fight

제6장
전쟁을 위한 무장

무시로 기도하라

성령으로 기도하라

경계하며 기도하라

끈질기게 기도하라

여러 성도들을 위하여 기도하라

제6장

전쟁을 위한 무장(Fit for the Fight)

모든 기도와 간구로 하되 무시로 성령 안에서 기도하고 이를 위
하여 깨어 구하기를 항상 힘쓰며 여러 성도를 위하여 구하고

에베소서 6 : 18

군사된 성도는 이제 전쟁을 위하여 완전히 무장하고 서
있으나 아직 싸움에 임할 태세는 되어 있지 않다.
전쟁에 승리하기 위해서는 아직도 기본적인 두 가지가 결
핍되어 있는데 그것은 기술과 힘이다.
군인이 아무리 척상의 무기를 갖추었다 할지라도 기술과 힘이 없
으면 승리는 장담할 수 없다.

육체적인 훈련과 정신적인 무장은 세상의 전쟁에서 필요한 것들
이지만 기도는 그리스도의 군사가 전쟁할 때 필요한 것이다. 기도
는 그리스도의 군사가 갖추어야 할 마지막 무장이며 전쟁을 위한
훈련 가운데서 가장 확실하게 해 두어야 할 부분이다. 성경말씀은
기도에 대한 권고로 가득 차 있다. "… 기도에 항상 힘쓰며"(롬 12 :
12), "기도를 항상 힘쓰고 기도에 감사함으로 깨어 있으라"(골 4 : 2),
"쉬지 말고 기도하라"(살전 5 : 17).

　　기도는 생명에 관계될 정도로 중요하다. 영적 전쟁에서 승리의
열쇠를 쥐고 있는 것이 기도이다.
　　그럼에도 불구하고 기도가 무시(無視)될 때가 많다. 오늘날 많은
신자들과 현대 교회들이 약화되고 있는 가장 주된 이유 중의 하나
는 기도를 무시하기 때문이다. 대부분의 신자들이나 교회들은 기도
만 빼고 무엇이든지 다 한다. 우리들도 기도의 중요성을 분명하게
깨닫지 못하고 있다.
　　「천로역정」의 저자이면서 감옥에서 13년 동안 복음을 전했던 존
번연(John Bunyan)은 기도의 중요성에 대하여 "기도한 후에는 기
도보다 더 많은 일을 할 수 있고 기도하기 전까지는 기도밖에 할 것
이 없다"라고 말하였다. 스펄전(C. Spurgeon)도 "나는 이 우주에
서 성령 다음으로 가장 효율적으로 영적인 능력을 발휘하는 것이
기도라고 믿으며 이보다 더 깊이 확신하는 것은 없다 … 먹거나 숨

쉬지 않고 산다는 것은 도무지 생각할 수도 없는 일이 듯이 기도하지 않고 산다는 것이 그러하다."

기도에 대하여 하나님께서 이들에게 부어 주셨던 똑같은 믿음을 우리들에게도 부어 주시기를 원한다.

본서에서는 영적 전쟁에 관련된 기도에 대하여 5가지의 사항들을 살펴보겠다.

무시로 기도하라(Pray Always)

성경은 무시(無時)로, 즉 항상 기도할 것을 맨 첫 번째로 가르쳐 주고 있다. "항상 기도하라"는 말씀의 뜻은 하루의 일과 동안에 순간 순간 당면하는 모든 일들을 하나님께 기도하는 마음으로 계속 아뢰어 올리라는 뜻이다.

존 웨슬리(John Wesley)는 "쉬지 말고 기도하라"는 명령을 그대로 행하는 사람의 모습을 다음과 같이 묘사했다.

"그 사람의 마음은 어느 때에나 어느 장소에서나 항상 하나님을 향해 아뢰고 있다.

그런 사람에게는 그 어떠한 사람이나 일들이 그를 흔들지 못하며 방해하지 못할 것이다. 직장에 있거나 퇴근할 때에라도 일을 할 때에나 여가를 즐길 때에도 또는 사람들과 대화를 나눌 때에라도 그의 마음은 항상 주님과 함께 하는 것이다.

그가 눕든지 일어나든지 그의 생각 속에는 늘 하나님으로 가득 차 있으며 그의 눈빛은 하나님을 사랑하는 마음으로 가득하다.

그는 걸음을 걸으면서도 보이지 않는 하나님께 눈을 고정시키면서 어디를 가든지 끊임없이 그분을 바라보면서 함께 동행한다.”

바울이 항상 기도하라고 말했을 때는 바로 이렇게 하라는 뜻이었다.

성령으로 기도하라(Pray in the Spirit)

다음 단계는 성령으로 기도하라는 것이다. 이 말씀은 기도할 때에 성령의 인도함을 받으라는 뜻이다. 성령으로 기도하고 있음을 확신하는 방법은 기도에 임할 때에 먼저 성령님의 도움을 구하는 것이다.

기도 중에 성령님께서 주시는 감동만큼 놀랍고도 전율이 느껴지는 것은 없다. 마음이 감동되어지고 정신이 맑아지며 모든 사고가 정돈되어진다. 찬양과 간구 그리고 중보 기도들이 거침없이 유유히 흘러나와 수시간을 기도했는데도 단 몇 분이 지난 것처럼 느껴진다.

성령으로 기도하기를 구하라. 당신의 기도를 시작하기 전에 주님의 인도를 받게 해 달라는 기도를 먼저 하라.

이렇게 기도할 때에 당신은 뜻하지 않은 경험도 할 수 있고 어느새 자신이 더 큰 믿음의 사람이 되어 있음을 발견하게 될 것이다.

중국내륙선교회(China Inland Mission)의 전 회장이었던 오스왈드 샌더스(Oswald Sanders)는 성령이 이끄시는 기도에 대하여 "하나님께서 우리 마음속에 기도하라는 부담감을 자꾸 주시면서 우리로 하여금 계속 기도하게끔 만드시는 것은 우리에게 응답 주시려는 하나님의 목적이 분명하다" 라고 말했다.

조지 뮬러(George Mueller)는 두 사람을 예수 믿게 하기 위하여 50여 년이 넘도록 기도할 때에 과연 그들이 변화되리라고 믿으면서 기도했는가의 질문에, "만약 하나님께서 그들을 구원하시려는 뜻이 없으셨다면 나로 하여금 그 많은 횟수 동안 계속 기도를 하도록 하셨다고 생각하는가?"라고 반문하였다.

이것이 바로 성령님께서 이끄시는 기도이다.

경계하며 기도하라(Watchful in Prayer)

성령으로 기도하고 난 후 이제 부터는 깨어 경계하며 기도하라고 권고한다. 방심하지 말고 방어 자세로 경계를 게을리 하지 말고 항상 주의를 기울여 기도로써 전쟁에 임할 준비를 갖추라.

주님께서 어떤 감동을 마음속에 불러일으키시는가?

그렇다면 기도하라!

적이 공격하는가?

기도하라!

동료 군사가 믿음에서 떨어졌는가?

그것도 기도하라!

함께 기도할 수 있는 기도의 동역자를 찾으라!

계속 기도! 기도하라.

끈질기게 기도하라(Perseverance in Prayer)

우리는 경계를 게을리 하지 말고 계속해서 끈질기게 기도해야 한다. 여러분은 어떤 문제를 가지고 기도하면서 '아무도 듣고 있지 않는 것이 아닌가' 라고 느껴본 적이 있는가?

어떤 문제를 가지고 하나님께 아무리 구해도 전혀 아무런 변화가 일어나지 않는가? 그러면 그때 여러분은 무엇을 하는가? 대부분의 사람들이 그러하듯이 여러분도 기도를 포기하고 싶은 유혹을 받게 된다.

절대로 그렇게 하지 말라!

예수님께서도 사람들이 항상 기도하고 낙망하지 말아야 할 것에 대해 예수님의 뜻을 비유로 말씀해 주셨다(눅 18 : 2-8).

우리가 열심히 기도했는데도 빨리 응답이 되지 않으면 포기하고 싶어진다. 포기하고 싶은 마음이 생길 그때가 곧 인내가 필요한 때이다.

기도의 효력을 체험하는 것은 마라톤에서의 달리는 것과 같다. 인내가 그 열쇠이다.

예수님께서 기도에 관하여 말씀하시면서 주셨던 놀라운 약속을 기억하는가? "구하라 그러면 너희에게 주실 것이요 찾으라 그러면 찾을 것이요 문을 두드리라 그러면 너희에게 열릴 것이니"(마 7 : 7).

대부분의 사람들은 이 약속이 조건적인 것임을 깨닫지 못한다. 그 조건이란 끈질김, 즉 인내이다. 헬라어 성경을 문자대로 번역한다면 "구하기를 계속하라, 찾기를 계속하라, 문 두드리기를 계속하라"의 뜻이다.

우리가 인내하라는 조건을 지키지 못함으로 인하여 응답을 받지 못한 경우가 얼마나 많았는가?

우리가 기도할 때에 인내하지 못하는 최대의 장애물에 사도들도 역시 똑같이 부딪쳤다. "마음은 원이로되 육신이 약하도다"

기도를 끈질기게 하기 위해서는 온 마음을 다 모아야 하고 훈련과 자신을 통제하는 희생이 필요하다.

내가 앞서 말했듯이 조지 뮬러(George Mueller)는 두 사람의 구원을 위하여 50여 년이 넘도록 기도하였다. 그도 기도하기를 포기하고 싶은 충동을 느낄 때가 얼마나 많았겠는가?

그러나 그는 끝까지 기도했다. 우리도 원수가 망하고 하나님의 일들이 왕성하면서 영혼들이 그리스도 앞으로 나아가는 것을 눈으로 보기 원한다면 우리 역시 기도에 몰두해야 할 것이다.

기도하되 끈질기게 하라!

> 예루살렘이여 내가 너의 성벽 위에 파수꾼을 세우고 그들을 종일종야에 잠잠치 않게 하였느니라 너희 여호와로 기억하시게 하는 자들아 너희는 쉬지 말며 또 여호와께서 예루살렘을 세워 세상에서 찬송을 받게 하시기까지 그로 쉬지 못하시게 하라
>
> 이사야 62 : 6-7

여러 성도들을 위하여 기도하라
(Supplication for All the Saints)

기도에 대한 마지막 말씀은 여러 성도들을 위하여 기도하라는 것이다. 하나님의 자녀들을 위하여 기도하는 것은 우리 모두가 가진 특권이다.

목회자가 되기위한 소명을 찾고 있는가? 주님을 섬기고 싶은 열망은 가득한데 과연 부름을 받았는지 안 받았는지 확실치 않은가?

이러한 것들이 하나님의 나라를 위한 일이 되도록 하라. 즉 말하자면 하나님의 교회를 위해 기도하라. 여러분의 교회 목회자를 위하여 기도하고 주님을 순수하게 섬기고자 애쓰는 모든 사역자들을 위하여 기도하라.

그리스도의 복음을 충성스럽게 전파하는 전도자들을 위하여 기도하라. 전세계 오지에서 선교사로 주님을 섬기고 있는 분들을 위해 기도하라.

그리스도의 몸된 교회에서 어떤 모습으로든지 주님을 섬기고 있는 하나님의 일꾼들을 위하여 기도하라.

매일 세상에 나가서 일하는 하나님의 백성들이 성령으로 충만케 해 달라고 기도하라. 그들이 세상에서 빛과 소금이 되게 해 달라고 기도하라. 하나님의 백성들 가운데서 병든 자와 고통당하는 자들을 위하여 기도하라.

모든 성도들을 위하여 기도함으로써 굳이 다른 곳을 떠나지 않고서도 온 세계를 향한 선교사가 될 수 있다. 너무나 많은 사람들이 기도의 능력을 과소 평가한다.

하나님께서는 평범한 사람들이 가정에서 드리는 기도를 가지고 하나님의 복음 사역에 결정적인 영향을 미치게 하는 데 사용하신다.

기도가 가지고 있는 능력에 대해서는 중국의 선교사였던 허드슨 테일러(Hudson Taylor)의 간증에 명백하게 나타나 있다.

"몇 해전 중국의 한 내륙 선교지에서 일어났던 놀라운 은혜의 역사가 우리의 주목을 끌고 있다.

어느 선교지나 마찬가지로 선교사들의 희생적인 헌신으로 많은 영혼들이 주님 앞으로 돌아오고 있었지만 유독 이 선교지만큼은 복음을 받아들인 자들이 수적으로나 영적 수준으로나 다른 어떤 선교지들을 훨씬 능가하였던 것이다. 이렇게 풍성한 영혼의 수확이 어떤 이유 때문인지 늘 신비로 남아 있었는데 허드슨 테일러(Hudson Taylor)가 영국을 방문하던 동안에 그 비밀이 밝혀졌다.

그가 어떤 곳에서 선교의 보고를 끝낼 무렵 한 신사가 나아와 그에게 정중하게 인사를 청했다. 그와 대화하던 중 테일러는 그가 중국 내륙 선교지역의 상황에 대해 너무나 정확하게 알고 있는 지식에 깜짝 놀랐다.

'아니 어떻게 그곳의 일을 그렇게도 상세히 알고 계십니까? 당신은 너무나 정확하게 알고 계시군요' 테일러는 놀라서 물었다.

'오! 그곳의 선교사와 저는 대학 때 친구였답니다. 여러 해 동안 늘 소식을 주고 받았지요. 그 친구는 제게 복음을 받아들여야 할 대상자와 교인들의 이름을 낱낱이 적어 보내왔습니다. 그래서 저는 그 명단을 들고 매일 하나님께 기도로 나아갔습니다."

그 신비의 수수께끼가 드디어 풀어졌던 것이다. 기도하는 사람,

정확한 기도, 매일의 기도가 바로 그 열쇠였던 것이었다.

　기도야말로 한 사람을 영적 전쟁의 완전 무장한 적임자로 만드는 가장 큰 영적 행위인 것이다.

끝맺으면서 (Epilogue)

이는 우리로 사단에게 속지 않게 하려 함이라 우리가 그 궤계를
알지 못하는 바가 아니로라

고린도후서 2 : 11

바울은 고린도 교인들에게 말하기를 자신이 사단의 궤계
를 알지 못하는 바가 아니라고 했다

우리도 역시 사단의 궤계를 몰라서는 안된다. 이 책은 우
리의 원수인 사단의 특성과 궤계를 밝히 드러낼 뿐만 아니라 이길
수 있도록 우리에게 보여 주신 하나님의 비결을 알리고자 썼다.

그러므로 사단의 왕국은 그의 활동 무대인 이 세상이며 그는 끊임없이 하나님의 백성들을 공격해 온다. 사단이 제아무리 교활하고 지성이 뛰어나며 무장이 잘되어 있다 할지라도 하나님의 전신갑주를 입고 기도를 통하여서 영적으로 무장이 잘 되어 있는 성도를 마주하여 섰을 때에는 도무지 힘을 쓰지 못한다.

이제 우리에게 필요한 것은 우리가 배웠던 것들을 매일 적용하며 믿음의 걸음을 걸어나가는 것이다.

하나님의 말씀 속에 있는 영적인 원리 원칙들은 오직 성령의 능력을 통하여서만이 적용되며 실행되어질 수 있다. 하나님께 성령으로 충만케 해 달라고 구하며 승리에 이르기를 바란다. 그러할 때에 여러분은 하나님께서 반드시 승리케 하심을 확신할 수 있다. "종말로 너희가 주 안에서와 그 힘의 능력으로 강건하여지고…".

어떻게 그리스도인이 되는가?
(How to Become a Christian?)

 첫 번째로, 당신이 죄인임을 시인해야 한다. 당신은 과녁을 맞추지 못했음을 깨달으라. 이것은 우리 모두에게 다 적용되는 사실이다. 우리는 고의로 선에서 벗어나는 일을 한 번만 한 것이 아니라 여러 번 행했다.

성경에는 이르기를 "모든 사람이 죄를 범하였으매 하나님의 영광에 이르지 못하더니"(롬 3 : 23)라고 했다.

이것은 모든 사람들에게 받아들이기 어려운 사실이지만 나쁜 소식이라도 기꺼이 들을 수 있어야 좋은 소식도 감사하며 받아들일 수 있게 된다.

두 번째, 예수 그리스도께서 우리를 위하여 십자가 위에서 죽으셨음을 깨달아야 한다.

죄 때문에 하나님께서는 우리에게 오시기까지 강렬한 방법을 쓰시지 않을 수 없었다. 그래서 그분은 인간으로 이 땅에 오셔서 사람들과 함께 동행하셨다. 그러나 예수님께서는 선한 사람만이 아닌 그 이상의 분이셨다.

그분은 하나님(神) - 사람(人), 즉 하나님께서 사람의 몸을 입으신 분이셨다. 그것 때문에 십자가상에서의 죽음이 그렇게도 중요한 의미를 가진 이유가 된다.

십자가상에서 사람의 몸을 입으신 예수 그리스도, 즉 하나님 자신께서 우리의 위치에서 우리의 죄를 대신 담당하셨다. 그분은 죄의 값을 치러 주시고 우리를 구속시키셨다.

세 번째, 우리는 우리의 죄를 회개해야만 한다. 하나님께서는 어떤 곳에 있는 사람이든지 회개하라고 명하셨다.

사도행전 3 : 19에도 "그러므로 너희가 회개하고 돌이켜 너희 죄 없이 함을 받으라 이같이 하면 유쾌하게 되는 날이 주 앞으로부터 이를 것이요"라고 쓰여 있다.

여기에 나오는 회개하라는 말이 무엇을 뜻하는가?

방향을 바꾼다는 뜻이다. 인생의 길에서 유턴(U-Turn) 해야 한다는 말이다.

그 말은 전에 살았던 삶의 방식대로 살지 않고 성경이 각 장마다 제시하고 있는 대로 살기 시작하는 것을 말한다.

자, 이제 우리는 변화하여 과거의 삶을 기꺼이 청산해야 하겠다.

네 번째, 우리는 예수 그리스도를 우리의 마음과 삶 속에 받아들여야 하겠다.

그리스도인이 된다는 것은 하나님께서 우리 삶 속에 사시게 하는 것이다. 요한복음 1 : 12에 "영접하는 자 곧 그 이름을 믿는 자들에게는 하나님의 자녀가 되는 권세를 주셨으니"라고 했다.

우리는 그분을 영접하여야 한다. 예수님께서도 말씀하시기를 "볼지어다 내가 문 밖에 서서 두드리노니 누구든지 내 음성을 듣고 문을 열면 내가 그에게로 들어가…"(계 3 : 20)라고 하셨다.

우리 모두 각자 개인의 문을 열어 드리도록 결단해야 한다. 어떻게 열어 드리겠는가? 그것은 기도를 통해서이다.

당신이 예수 그리스도를 당신 삶 속에 한 번도 들어오시라고 영접한 적이 없다면, 지금 당장 하라. 여기에 당신이 기도할 수 있는 한 기도문을 제시해 놓았다.

"주 예수님, 저는 죄인인줄 압니다. 저의 지은 죄를 용서하여 주옵소서. 지금 즉시 저의 죄에서 돌이켜 회개합니다. 십자가 위에서 나를 위하여 죽으시사 나의 죄 값을 지불해 주심을 감사드립니다. 이제 제 마음과 삶 속에 들어오시옵소서. 저를 성령으로 충만케 하셔서 당신의 제자가 될 수 있도록 도와주십시오. 저를 용서하시고 제 삶 속에 들어오심을 감사드립니다. 이제 제가 당신의 자녀가 되어 천국에 들어갈 수 있게 하심을 감사드립니다. 예수님의 이름으로 기도합니다. 아멘"

당신이 이 기도를 하는 순간 하나님께서는 응답하실 것이다. 당신은 그야말로 옳은 결단을 한 것이며 그 결단은 당신이 영원을 어떻게 살아갈 것인지를 가름하는 데 영향을 미친다. 이제 당신은 천국에 들어가게 될 것이고 그때까지 영적 질문에 대한 응답을 받아 평강을 누리며 살아가게 될 것이다.

성경 연구 시리즈
A FISHERMAN BIBLE STUDY

- 주제별 성경연구　TOPICAL STUDIES
- 책 별 성경연구　BIBLE BOOK STUDIES
- 인물별 성경연구　BIBLE CHARACTER STUDIES

21C 차세대 성경공부 교재
보다 새롭고 깊이있고 체계적인 성경공부를 원하십니까?

왜 횟셔맨인가?

횟셔맨 시리즈는 미국 IVP간사들이 새롭게 설립한 Harold Shaw에서 출간되어 미국을 비롯한 전세계적으로 교회와 선교단체, 직장신우회 등에서 집중적으로 선택되고 있는 **21C 차세대 성경공부 교재**이다.

① 예배
"신령과 진정으로 드리는 예배"의 성경적 의미를 가르쳐 줄 것이며, 삶 전체가 예배이어야 한다는 진정한 의미를 발견 할 것이다. 예배는 우리의 삶을 역동적으로 변화시킬 것이며 영원히 드려질 것이다.
래리 시블리 지음/값 1,900원/하늘사다리

② 하나님을 아는 지식
성경에 나타난 하나님의 다양한 성품을 관찰함으로써 하나님에 대한 관점을 확장시키고 우리의 삶을 의뢰할 수 있도록 도전하게 된다.
데이빗 사무드 지음/값 1,900원/하늘사다리

③ 내면세계의 회복
영적으로 침체되거나 불만을 품은 사람들을 하나님과 말씀으로 인도해 삶의 목적을 새롭게 하고, 영적으로 신선하게 회복될 수 있는 기초를 제공 할 것이다.
루스 고링 지음/값 1,900원/하늘사다리

④ 일과 만족
창세기부터 계시록까지 나타난 일과 예배, 직업윤리, 승진과 성공, 창조적인 섬김 등을 통해 일하는 만족과 함께 직장에서의 소명과 의미있는 사역에 대해 지침을 제공할 것이다.
폴 스티븐스&게리 소버즈 지음
값 1,900원/하늘사다리

⑤ 영적 전쟁
영적 전쟁의 범위에 대한 균형 잡힌 관점과 영적 전쟁의 군사가 취해야 될 태도 그리고 하나님의 능력과 주권을 잃지 않고 어떻게 영적 전쟁을 직면할 수 있는지에 대해 공부하게 될 것이다.
스콧 모리우 지음/값 1,900원/하늘사다리

⑥ 격려
다른 사람들을 격려하고 신앙을 쌓아가는 모범들을 성경을 통해 제시해 준다. 그리고 당신이 다른 사람들을 지탱해주면, 그것은 격려의 축복이 되어 당신에게 되돌아올 것이다.
린 존슨 지음/값 1,900원/하늘사다리

⑦ 예수님을 아는 지식
예수님의 주장을 성경을 통해 이해하고 알게 될 것이며 중요한 변천을 통하여 우리를 성경의 깊은 이해로 인도하게 될 것이다.
룻 E. 반 레켄 지음/값 1,900원/하늘사다리

⑧ 하나님의 뜻을 아는 법
성경을 이해하고, 사도 바울의 삶을 통해 성경적 원칙을 깨닫게 되고, 이 원칙들을 매일의 삶에 적용하는 방법을 발견하게 될 것이다.
톰&조안 스탁 지음/값 1,900원/하늘사다리

⑨ 정의와 자비
부정과 관련된 여러가지 문제들이 과거 어느때보다 많아진다. 성경은 수세기를 거쳐온 지금도 너무나 확실하다. 그것은 어두움 가운데 빛처럼 살아 움직여 우리를 가르침과 동시에 세계를 향한 우리 소망이 되는 진리를 드러낸다.
비니타 햄프턴 롸이트 지음/값 1,900원/하늘사다리

⑩ 민족과 열방을 향한 하나님의 사랑
당신이 하나님의 눈을 통해 세계를 볼 수 있도록 도울 것이며 세계를 향한 하나님의 놀랍고도 기쁜 과업의 성취를 위해 함께 동참하도록 인도할 것이다.
짐&캐롤 플루데만 지음/값 1,900원/하늘사다리